AF558026

Das Backbuch

Mit mehr als 450 Rezepten

und vielen praktischen Ratschlägen

wird Erprobtes weitergesagt

Das Backbuch

16 mehrfarbige

und 16 einfarbige Bildtafeln

wecken die Lust zum Backen

VERLAG FÜR DIE FRAU · LEIPZIG

Herausgeber: Verlag für die Frau, 7010 Leipzig, Friedrich-Ebert-Str. 76

Text und Redaktion: Hanna Enderlein

Grafische Gestaltung: Hans Koschwitz

Fotos: Margot Börner (Farbe), Uta Lange (SW)567

8. Auflage 2023

Gesamtherstellung: UAB BALTO print

Printed in Lithuania

www.buchverlag-fuer-die-frau.de

Das Backbuch bringt

Dieses Buch macht Sie mit rund 450 Backrezepten bekannt, die in der Versuchsküche unseres Verlages ausprobiert worden sind. Sie finden darunter das vielfältige Kleingebäck ebenso wie den beliebten Blechkuchen oder die festliche Torte, süßes ebenso wie herzhaftes Gebäck, preiswert herzustellendes ebenso wie solches für den verwöhnten Gaumen. Für jeden Geschmack, für jeden Anlaß läßt sich das Gewünschte mit Leichtigkeit finden. Sind außer den erforderlichen Zutaten noch Lust und Liebe zum Backen vorhanden, so ist das gute Gelingen schon beinahe gesichert.

Obwohl das Angebot der Bäckereien und Konditoreien heute nicht nur in den Städten, sondern auch in kleinen Orten reichhaltig ist, hat das große Interesse an einem Backbuch niemals nachgelassen. Dafür gibt es mehrere Gründe. Backen wird seit jeher weniger als eine Arbeit, mehr als eine Beschäftigung empfunden, die besondere Freude macht. Da heutzutage in vielen Haushalten elektrische Geräte vorhanden sind, verringern sich Zeit und Mühe beim Backen wesentlich. So bietet sich also oft bei vereinfachter Arbeitsweise die willkommene Möglichkeit, etwas Zusätzliches, häufig sogar eine Überraschung für den Familientisch zu bereiten. Und schließlich hat die Hausbäckerei den Vorzug, sparsames Wirtschaften zu unterstützen. Sie wird also, wie wir sehen, nach wie vor aktuell bleiben.

Um die Arbeit mit diesem Buch so einfach wie möglich zu gestalten, wurden die Rezepte nach ihrer jeweiligen Teig- bzw. Eigenart aufgegliedert. Wir empfehlen dringend, die Rezeptangaben genau zu befolgen, soweit es sich um die Bereitung von Teigen oder Massen handelt. Denn nur dann können Enttäuschungen, die stets mit einem Verlust an Zeit, Mühe und Kosten verbunden sind, erspart bleiben. Diese Forderung schließt aber keineswegs aus, nach eigenen Erfahrungen dies und jenes abzuwandeln – vor allem im Hinblick auf Formgebung und Garnierung sind beim Backen kaum Grenzen gesetzt.

Wir möchten die Freude am Backen in keiner Weise schmälern, wenn wir in diesem Zusammenhang auf etwas hinweisen, das heute stärker denn je das Anliegen der Ernährungswissenschaftler ist: Gebäck aus Weißmehl sei den Sonn- und Feiertagen vorbehalten! Das möchten wir besonders allen Müttern ans Herz legen, die häufig viel zu unbedenklich die Wünsche ihrer Kinder nach Süßem mit Keks oder anderem Gebäck erfüllen. Der Gesundheit der Kinder wird dadurch im Laufe der Zeit eher Schaden als Nutzen entstehen. Diese Tatsache veranlaßte uns, dem Buch ein Kapitel „Vollkorngebäck“ beizugeben. Das nach diesen Rezepten bereitete Gebäck ist bei Kindern ebenso beliebt wie jedes andere und wird selbstverständlich auch von Erwachsenen gern gegessen.

Die Aufgabe dieses Buches ist erfüllt, wenn es recht bald Ihr unentbehrlicher Helfer wird und Sie mit uns sagen: Backen macht Freude!

VERLAG FÜR DIE FRAU · REDAKTION HAUSWIRTSCHAFT

Der Mürbeteig

Wenn es um Kleingebäck oder Tortenböden geht, wird im Haushalt zuerst nach dem Rezept für Mürbeteig gesucht. Dieser Teig ist ganz unkompliziert und dabei doch abwandlungsfähig.

Grundrezepte für süßen Mürbeteig

I. 250 g Mehl, 1 Ei, 125 g Margarine, 65 g Zucker, Salz, 1 Päckchen Vanillinzucker oder 1/2 Teelöffel abgeriebene Zitronenschale oder 3 bis 4 geriebene bittere Mandeln.

Alle Zutaten rasch, aber sehr gründlich untereinanderkneten und den Teig sofort für mindestens 30 Minuten kalt gestellt rasten lassen. Erst dann nach Vorschrift des Rezeptes weiterverarbeiten.

II. 230 g Mehl, 20 g Kakao, 1 großes Ei, 125 g Margarine, 80 g Zucker, Salz, 1 Päckchen Vanillinzucker oder 3 bis 4 geriebene bittere Mandeln.

In der gleichen Weise wie Rezept I bereiten und den Teig kühl gestellt rasten lassen.

Grundrezept für herzhaften Mürbeteig

250 g Mehl, 1 Ei, 150 g Margarine, 1 Teelöffel Salz, 1/2 Teelöffel Paprika, wenig abgeriebene Zitronenschale.

In der gleichen Weise wie süßen Mürbeteig bereiten und nach Vorschrift verwenden.

Grundrezept für eierlosen Mürbeteig

300 g Mehl, 200 g Margarine und Gewürze nach Geschmacksrichtung, für süßen Teig 100 g Zucker verwenden.

Alle Zutaten rasch verarbeiten und kühlgestellt rasten lassen. Nach Rezeptangabe verwenden.

Dran gedacht – gut gelungen: Bei Mürbeteig kann etwa ein Drittel der Mehlmenge durch gekochte geriebene Kartoffeln ersetzt werden, Teig und Gebäck sind dann allerdings für den sofortigen Verbrauch bestimmt. Mürbeteig-Gebäck wird lockerer, wenn dem Mehl eine Prise Backpulver zugesetzt oder die Hälfte der Mehlmenge durch Semmel- oder Kuchenbrösel ausgetauscht wird. Alle Zutaten für den Mürbeteig, vorzugsweise Margarine und Ei, sollen recht kalt sein – sogar die Hände, mit denen er geknetet wird! Bleche oder Formen brauchen für dieses fettreiche Gebäck nur dünn gefettet zu werden. Mürbeteigrollen, die in Scheiben geschnitten werden sollen, müssen zuvor gut gekühlt werden. Mürbeteig gehört grundsätzlich in einen vorgeheizten Ofen (sonst zerläuft die Margarine, bevor der Backprozeß beginnt!). Der ungebackene Mürbeteig ist, zur Kugel geformt und in Margarinepapier gewickelt, im Kühlschrank oder kalten Keller bis zu zwei Wochen haltbar – dann allerdings ohne Backpulverzusatz –, bevor er verbacken wird.

Mürbchen

Mürbeteig nach Grundrezept, 1 Ei, Milch.

Den Mürbeteig zu etwa 5 cm starken Rollen formen, kalt stellen und mit scharfem Messer in Scheiben von knapp 1 cm Stärke schneiden, dabei das Messer immer wieder in Mehl tauchen. Auf leicht gefettetem Blech mit dem in der Milch verquirlten Ei bestreichen und 12 bis 15 Minuten bei guter Mittelhitze hellgelb backen. – Die mit Ei bestrichene Seite kann vor dem Backen mit grobem Zucker bestreut oder in Zucker gedrückt werden. Hell glasierte Mürbchen lassen sich mit dunkler Glasur wirkungsvoll verzieren.

Mandelecken

Mürbeteig nach Grundrezept, Milch, Mandel- oder Nußsplitter, Schokoladenglasur.

Den dünn ausgerollten Mürbeteig zu Dreiecken ausstechen oder -schneiden, mit Milch bestreichen, mit Mandel- oder Nußsplittern bestreuen und hellgelb backen. Sofort mit Schokoladenglasur überziehen. – Anstelle von Mandelsplittern und Schokoladenglasur lassen sich Streusel, siehe Seite 61, verwenden.

Teebrezeln

Mürbeteig nach Grundrezept, Ei, Milch, gehackte Mandeln.

Den Mürbeteig zu gleichmäßigen Brezeln formen, Ei und wenig Milch verquirlen, die Brezeln damit bestreichen und mit gehackten Mandeln bestreuen. Bei Mittelhitze goldgelb backen.

Terrassenplätzchen

Mürbeteig nach Grundrezept, Marmelade, Staubzucker oder Zuckerglasur.

Den etwa messerrückendick ausgerollten Mürbeteig zu einer gleichen Anzahl von Plätzchen in drei verschiedenen Größen ausstechen. Bei Mittelhitze goldgelb backen. Die mittleren und die kleinen Plätzchen auf der Unterseite mit Marmelade bestreichen und jeweils drei verschieden große Plätzchen aufeinandersetzen. Mit Staubzucker besieben oder mit Zuckerglasur überziehen. – Anstelle von Marmelade ist Schokoladenglasur oder Lukullusmasse verwendbar.

Nußröllchen

Mürbeteig nach Grundrezept, 100 g Nüsse, 100 g Korinthen, 4 Eßlöffel Rum oder Arrak, 4 Eßlöffel Honig, 1 Ei, Milch.

Den dünn ausgerollten Mürbeteig in Rechtecke teilen. Nüsse und Korinthen grob hakken, Rum und Honig zugeben. Ei und wenig Milch verquirlen, die Teigstücke damit bestreichen, die Masse darauf verteilen und die Rechtecke von der Schmalseite her aufrollen. Auf gefettetem Blech mit dem restlichen Ei bestreichen und bei Mittelhitze goldgelb backen. – Die Nußröllchen können auch beliebig glasiert werden.

Zweifarbenkeks

Mürbeteig nach Grundrezept I und II, 1 Ei, Milch.

Beim Aufeinanderlegen zweier unterschiedlicher Teigarten jeweils die untere Teigplatte mit Eiweiß oder Milch bestreichen. Jede Teigart zu einer rechteckigen Platte ausrollen, beide aufeinanderlegen, zusammenrollen und mit scharfem Messer in etwa 5 mm starke Scheiben schneiden. Auf gefettetem Blech mit Eiermilch bestreichen und bei Mittelhitze backen. – Eine helle Mürbeteigplatte mit verquirltem Ei bestreichen, eine dunkle Mürbeteigrolle auflegen, mit dem hellen Teig umschließen, kalt gestellt nochmals rasten lassen und in Scheiben schneiden. Auf gefettetem Blech mit Eiermilch bestreichen und mit grobem Zucker oder gehackten Mandeln bestreuen und backen. – Eine Teigplatte mit verquirltem Ei bestreichen und schachbrettartig mit langen, möglichst viereckig geformten Stangen aus hellem und dunklem Teig belegen, mit der Teigplatte umschließen und die Rolle in Scheiben schneiden. Bei Mittelhitze backen. – Aus dünn ausgerolltem Teig Figuren stechen und mit kleineren Figuren der andersfarbigen Teigart verzieren. – Kleine Röllchen beider Teigarten miteinander zu Zöpfen verflechten, mit Eiermilch bepinseln und backen.

Vanillekipfel

180 g Mehl, 70 g geriebene Mandeln oder Nüsse, 125 g Margarine, Salz, 50 g Zucker, 1 Ei, vanillierter Staubzucker.

Aus Mehl, Mandeln, Margarine, Salz, Zucker und Ei rasch einen Mürbeteig kneten und kalt gestellt rasten lassen. Den Teig in gleich große Stücke teilen, Hörnchen daraus formen und auf leicht gefettetem Blech goldgelb backen. Sofort in vanilliertem Staubzukker wälzen. – Auch aus einem verfeinerten Backpulver-Knetteig lassen sich Vanillekipfel bereiten.

Rosinenplätzchen

Mürbeteig nach Grundrezept, 50 g Sultaninen oder Korinthen, 1/2 Teelöffel Zimt, 1 Ei, Milch.

Den Mürbeteig rasch mit gehackten Sultaninen oder Korinthen und Zimt verkneten, nochmals rasten lassen. Gleich große Bällchen auf dem Handteller breitdrücken, auf gefettetem Blech mit Eiermilch bestreichen und goldbraun backen. – Anstelle von Sultaninen lassen sich getrocknete kleingeschnittene Aprikosen verwenden.

Apfeltaler

Mürbeteig nach Grundrezept, frische oder getrocknete Apfelringe, Marmelade, Ei, Milch.

Den nicht zu dünn ausgerollten Mürbeteig zu runden Plätzchen ausstechen. Die Hälfte der Teigstücke jeweils mit einem frischen oder vorgeweichten getrockneten Apfelring belegen. In die Mitte Marmeladetupfen setzen, mit den übrigen Teigplatten abdecken und die Ränder festdrücken. Auf gefettetem Blech mit Eiermilch bestreichen und bei Mittelhitze goldbraun backen. – Die Apfeltaler können mit Staubzucker besiebt oder mit Zuckerglasur überzogen werden.

Zauberkeks

250 g Margarine, 3 Eßlöffel Zucker, 1 Päckchen Vanillinzucker, Salz, 1 Ei, 200 g Mehl, 2 Eßlöffel Stärkemehl.

Margarine, Zucker, Gewürz und Ei schaumig rühren und das Mehl unterkneten (dabei kann eine Messerspitze Hirschhornsalz zugegeben werden). Dann gut kalt stellen, ausrollen, beliebig ausstechen, bei Mittelhitze goldgelb backen und verzieren.

Katzenköpfchen

300 g Mehl, 50 g Stärkemehl, 350 g Margarine, 75 g Zucker, 1 Ei, zum Verzieren Nüsse, Zitronat, Korinthen, Glasur.

Die Zutaten für den Teig rasch verkneten, dabei nach Wunsch knapp 1/2 Teelöffel aufgelöstes Hirschhornsalz zugeben und rasten lassen. Nach einer Pappschablone Katzenköpfchen ausschneiden oder -rädeln. Aus Nüssen, Zitronat und Korinthen das Gesicht andeuten, auf gefettetem Blech backen und danach beliebig glasieren.

Zitronenleckerli

200 g geriebene Semmel, 100 g Zucker, 50 g Margarine, 50 g geriebene Mandeln oder Nüsse, 1 bis 2 Eßlöffel Mehl, 1 Eßlöffel abgeriebene Zitronenschale, Salz, 1 Eßlöffel Zitronensaft, 2 Eier, Milch, Streuzucker.

Alle Zutaten, mit Ausnahme von 1 Ei, Milch und Streuzucker, rasch verkneten, rasten lassen, nicht zu dünn ausrollen, mit Eiermilch bestreichen und gleichmäßig Streuzukker darauf verteilen. In Rechtecke schneiden und auf gefettetem Blech goldgelb backen.

Käsestangen

250 g Mehl, 100 g Margarine, 100 g Reibkäse, Salz, 1 Eßlöffel Weinbrand.

Alle Zutaten rasch verkneten, kalt gestellt rasten lassen. Nicht zu dünn ausrollen, schmale Stangen abrädeln oder schneiden und auf gefettetem, bemehltem Blech hellgelb backen.

Splitterchen

250 g Mehl, 65 g Margarine, knapp 1/8 l Wasser, Salz, 2 Eßlöffel Zucker, abgeriebene Zitronenschale, Nelkenpulver.

Das gesiebte Mehl mit der zerlassenen, abgekühlten Margarine und den übrigen Zutaten verarbeiten. Den Teig recht dünn auf gefettetem Blech ausrollen, mit einem in Mehl getauchten Teigrädchen in Stücke teilen und bei Mittelhitze goldgelb backen. Die Teigplatte zerfällt während des Backens in Stücke.

Salzgebäck

Herzhafter Mürbeteig nach Grundrezept, Ei, Milch, 2 Eßlöffel möglichst grobes Salz.

Den dünn ausgerollten Teig in schmale Streifen rädeln oder schneiden, mit Eiermilch bestreichen und mit Salz bestreuen. Glatt oder spiralenförmig gedreht auf gefettetem Blech bei Mittelhitze backen. – Anstelle von Salz läßt sich Kümmel oder gemahlener Ingwer verwenden.

Käsekeks

250 g Mehl, 75 g Margarine, 2 Ecken Schmelzkäse, 1 Ei, 1 Teelöffel gehackter Kümmel, 1 Teelöffel Salz, 1/2 Teelöffel Paprika.

Alle Zutaten rasch verkneten, kalt gestellt rasten lassen und beliebig ausstechen. Nach Wunsch mit verquirltem Ei bestreichen und mit Salzmandeln garnieren. Bei Mittelhitze goldgelb backen.

Pikante Schiffchen

Schiffchen aus herzhaftem Mürbeteig, Käsecreme, siehe Seite 138, oder pikante Füllung, siehe Seite 138, Petersilie, Zitroneneckchen.

Die gebackenen Mürbeteigschiffchen füllen und recht appetitlich mit Petersilie, Zitrone oder Tomaten garnieren.

Fleischtäschel

250 g Mehl, 50 g Margarine, 150 g Quark, 2 Eier, Salz, 1/2 Teelöffel Paprika, Hackfleischmasse aus 200 g Fleisch, Milch.

Aus Mehl, Margarine, Quark, 1 Ei und Gewürz einen Teig bereiten und kalt gestellt rasten lassen. Knapp 5 mm stark ausrollen und in Rechtecke teilen. Eine Hälfte jedes

Rechtecks mit Fleischfülle belegen, die andere Hälfte darüberklappen, die Ränder mit einer Gabel festdrücken, das restliche Ei mit ein wenig Milch verquirlen, damit die auf ein gefettetes Blech gelegten Teigstücke bestreichen. Die Oberfläche jedes Täschels mit der Küchenschere einmal längs einschneiden. Bei Mittelhitze goldbraun backen. – Anstelle von Hackfleisch läßt sich für die Fülle Wurst, Schinken, ein garer Braten-, Fisch- oder Gemüserest verwenden.

Pystianer Schnitten

2 Eier, 125 g Zucker, 150 g Sultaninen, 175 g Kokosraspel oder Mandeln, 6 bis 8 Stück bittere Mandeln, 4 Eßlöffel Rum oder Arrak, Mürbeteig nach Grundrezept, Ei, Milch.

Eier und Zucker schaumig schlagen. Die gehackten Sultaninen mit Kokosraspeln, geriebenen Mandeln und Rum vermengen. Den Mürbeteig knapp 5 mm stark rechteckig ausrollen und mit der Fülle bestreichen. Die an den beiden Längsseiten zackig geschnittenen Teigränder überklappen, so daß ein Teil der Fülle bedeckt ist, und mit Eiermilch bestreichen. Auf gefettetem Blech bei Mittelhitze backen und sofort den Zacken entsprechend in Streifen schneiden. – Die Zacken können weiß oder braun glasiert und mit Mandelhälften garniert werden.

Leipziger Lerchen

Mürbeteig nach Grundrezept, Erdbeer- oder Himbeerkonfitüre, 80 g Margarine, 125 g Zucker, Salz, 2 Eier, 100 g Mehl, 125 g gehackte süße Mandeln, Nüsse oder Kokosraspel, 5 geriebene bittere Mandeln, etwa 4 Eßlöffel Milch, 3 Eßlöffel Rum oder Weinbrand.

Leicht gefettete Förmchen mit dünn ausgerolltem Mürbeteig auslegen und jeweils einen Klecks Konfitüre daraufgeben. Die schaumig gerührte Margarine mit allen Zutaten (1 Eigelb zurückbehalten) vermengen. Die Masse in die Förmchen füllen, obenauf kreuzweise zwei schmale, abgerädelte Teigstreifen legen und mit dem verquirlten Eigelb bepinseln. Bei Mittelhitze etwa 25 Minuten backen. – Aus den gleichen Zutaten läßt sich in der Springform eine Torte backen, die mit Zuckerglasur überzogen werden kann.

Thüringer Platz (Prophetenkuchen, Aufläufer)

I. Knapp 500 g Mehl, 6 Eier, 1 Wasserglas Rum, 100 g Margarine, 100 g Zucker, Salz, Feinmargarine.

Die Hälfte des Mehles nach und nach mit Eiern, Rum, Margarine, Zucker und Salz verarbeiten, erst zuletzt den Rest des Mehles zugeben. Den lockeren Teig recht dünn ausrollen, auf dem gefetteten Blech mit Feinmargarine bestreichen und bei kräftiger Hitze backen. Danach möglichst buttern und zuckern.

II. 4 Eßlöffel Zucker, 4 Eßlöffel Margarine, 4 Eßlöffel Weinbrand oder Rum, 4 Eier, Mehl; Butter, Staubzucker.

Alle Zutaten – Mehl so viel wie die Flüssigkeit aufnimmt – miteinander verarbeiten. Den Teig nicht in voller Blechgröße ausrollen, da er breitläuft. Nach dem Backen bei starker Mittelhitze sofort buttern und zuckern.
Je mehr sich der Thüringer Platz während des Backens wölbt, desto echter ist das Gebäck!

Tortenboden

Mürbeteig nach Grundrezept.

Eine gefettete, mit Mehl ausgestäubte Kuchen- oder Springform mit dem nicht zu dünn ausgerollten Mürbeteig auslegen, dabei einen Rand andrücken. Den Boden mehrfach mit der Gabel einstechen und bei Mittelhitze goldbraun backen. Auf die gleiche Weise, jedoch mit dünner ausgerolltem Teig, lassen sich Torteletts oder Schiffchen bereiten. Kühl und trocken aufbewahrt halten sich gebackene Mürbeteigböden bis zu 14 Tagen, bevor sie verwendet werden.

Erdbeertorte

1 Mürbeteigboden, roter Fruchtsirup, Kokosraspel oder gehackte Mandeln, 500 bis 750 g vorbereitete Erdbeeren, 1 Päckchen Tortenguß (rot) oder $^1/_8$ bis $^1/_4$ l verdünnter Fruchtsirup und 6 bis 10 g Gelatine oder $1^1/_2$ Eßlöffel Stärkemehl.

Den Tortenboden mit Fruchtsirup bestreichen und mit Kokosraspeln bestreuen. Die Erdbeeren darauf verteilen. Den Tortenguß nach Vorschrift auf der Verpackung bereiten oder die in wenig kaltem Wasser vorgeweichte Gelatine in dem verdünnten aufgekochten Fruchtsirup auflösen. Bei Beginn des Gelierens über die Erdbeeren ziehen. Nach dem völligen Erstarren kann die Torte mit Schlagsahne oder -creme garniert werden. – Anstelle von Erdbeeren lassen sich andere Früchte – roh oder gedünstet und sehr gut abgetropft – verwenden.

Berliner Apfelkuchen

Anderthalbfache Menge Mürbeteig nach Grundrezept, 1 l dickes gesüßtes Apfelmus, etwa 75 g Korinthen, $^1/_2$ Teelöffel Zimt, 2 Eßlöffel Stärkemehl, weiße Zuckerglasur.

Eine gefettete Springform mit Mürbeteig auslegen, dabei einen Rand andrücken. Apfelmus, Korinthen, Zimt und Stärkemehl verrühren und auf die Teigplatte streichen. Den Teigrest entweder zu einer Decke ausrollen und kleine Muster ausstechen oder zu Streifen ausrädeln, die als Gitter auf das Apfelmus gelegt werden. Bei Mittelhitze etwa 50 Minuten backen. Mit Zuckerglasur überziehen oder den Kuchen mit zerlassener Butter bestreichen und mit Staubzucker besieben.

Fruchttörtchen

Mürbeteig nach Grundrezept, Quarkmasse aus 500 g Quark, siehe Seite 66, Früchte, Butter, Staubzucker.

Gefettete, mit Mehl bestäubte Förmchen mit ausgerolltem Mürbeteig auslegen. Quarkmasse und Früchte darauf verteilen. Bei Mittelhitze etwa 40 Minuten backen und sofort mit zerlassener Butter beträufeln und mit Staubzucker besieben. – Torteletts können nach dem Backen auch mit Creme, siehe Seite 135, und Früchten gefüllt werden.

Aprikosen- oder Pfirsichtorte

$^1/_4$ l Milch, 2 Eßlöffel Zucker, 40 g süße und 5 Stück bittere Mandeln, $^1/_4$ l Sahne, 1 Päckchen Puddingpulver mit Mandel- oder Vanillegeschmack, 150 g Butter oder Feinmargarine, Salz, 100 g Staubzucker, 1 Mürbeteigboden, gedünstete Aprikosen oder Pfirsiche, $^1/_4$ l Aprikosensaft, 10 g Gelatine oder Stärkemehl.

Milch, Zucker und geriebene Mandeln kochen, wenn gewünscht, durchseihen und mit dem in der Sahne angerührten Puddingpulver dicken. Während des Erkaltens mehrfach rühren, damit die Masse geschmeidig bleibt. Die sahnig geschlagene Butter mit Salz und Staubzucker verrühren und nach und nach den erkalteten Pudding zugeben. Diese Creme auf dem Tortenboden verteilen, die abgetropften Aprikosen auflegen und den aus Saft und Gelatine bereiteten Guß bei Beginn des Erstarrens langsam darübergießen. – Die Mandelcreme kann auch als Garnitur auf die Aprikosen gespritzt werden.

Schwarze Johannisbeertorte

500 bis 750 g schwarze Johannisbeeren, 75 g Korinthen, Zucker, 4 Eßlöffel Sahne oder 2 kleine Gläser Weinbrand, Mürbeteig nach Grundrezept, aber mit 150 g Mehl und 150 g geriebener Semmel bereitet, 200 g Quark, 2 Eier, 2 Eßlöffel Rum, 2 Eßlöffel Stärkemehl.

Johannisbeeren und Korinthen mischen, zuckern und Sahne oder Weinbrand darübergießen. Zugedeckt ziehen lassen. Mit etwa zwei Drittel des Teiges eine leicht gefettete, ausgestäubte Springform auslegen, dabei einen hohen Rand andrücken. Den abgetropften Obstsaft mit Quark, $1^1/_2$ Eiern, Rum, Stärkemehl und auch Zucker verrühren, möglichst durchstreichen und auf den Teigboden geben. Die Johannisbeeren darauf verteilen. Den übrigen Teig, zu dünnen Röllchen gedreht oder zu Figuren ausgestochen, als Garnitur auf der Torte anordnen. Mit dem verquirlten Eirest bepinseln und bei guter Mittelhitze etwa 50 Minuten backen, nochmals zuckern. – Auch mit Brombeeren oder anderen herben Früchten schmeckt diese Torte ausgezeichnet.

Siedlertorte

Mürbeteig nach Grundrezept, 300 g Karotten, 300 g Äpfel, Vanillepudding aus $^1/_4$ l Milch, 1 Eßlöffel Butter oder Feinmargarine, 65 g Zucker, Salz, 3 Eßlöffel Kokosraspel oder geriebene Mandeln oder Nüsse, 3 bis 4 Eßlöffel Sultaninen, 2 Eßlöffel Zitronensaft, Ei, Milch.

Mit dem Mürbeteig eine gefettete, ausgestäubte Springform auslegen, dabei einen hohen Rand andrücken. Karotten und Äpfel raspeln und mit Pudding, Butter, Zucker, Salz, Kokosraspeln, Sultaninen und Zitronensaft vermengen. Die Masse auf dem Teig verteilen und etwa 40 Minuten bei guter Mittelhitze backen. Mit Eiermilch bestreichen und nochmals etwa 15 Minuten in die heiße Röhre schieben. – Anstelle von Äpfeln läßt sich auch Quark verwenden.

Reistorte

1 Mürbeteigboden, 1 Tasse Reis, $2^1/_2$ Tassen Milch, Salz, ein Stück Zitronenschale, 30 g Butter, 125 g Zucker, 1 Päckchen Vanillinzucker, 2 Eier, 100 g Sultaninen, Schokoladenglasur.

Den gebackenen Mürbeteigboden in der Springform lassen. Den vorbereiteten Reis in die mit dem Gewürz aufgekochte Milch schütten und darin ausquellen. Butter, Zucker und Vanillinzucker schaumig rühren, die Eigelb zugeben und unter die cremige Masse den körnig ausgequollenen, etwas abgekühlten Reis und die vorbereiteten Sultaninen geben. Zuletzt den steifen Eischnee unterheben. Die Masse auf dem Tortenboden verteilen und nochmals für etwa 20 Minuten in die heiße Röhre schieben. Mit einfacher oder fetthaltiger Schokoladenglasur überziehen. – Die Reistorte kann auch ohne nochmaliges Überbacken mit Früchten belegt und mit einem Geleeguß überzogen werden.

Weinschaumtorte

3 Eier, 125 g Zucker, 1 Päckchen Vanillinzucker, $^1/_8$ l Wasser, 20 g Gelatine, $^3/_8$ l Weißwein, etwa 50 g geröstete Mandelsplitter, 1 Mürbeteigboden.

Eigelb, Zucker und Vanillinzucker schaumig rühren. Das Wasser aufkochen, vom Feuer nehmen und die in wenig kaltem Wasser vorgeweichte Gelatine darin auflösen. Den Weißwein zugießen und bei Beginn des Gelierens allmählich unter die Eiercreme ziehen. Zuletzt den steifen Eischnee unterheben. Diese Creme auf den erkalteten Tortenboden streichen und mit gerösteten Mandelsplittern bestreuen. – Anstelle von Weißwein läßt sich Rotwein verwenden, dann das Wasser für die Gelatinelösung mit 2 Nelken und einem Stückchen Zimtrinde aufkochen.

Die Sandmasse

Sandmassen werden sowohl für Kleingebäck als auch für Kuchen und Torten verwendet. Sie enthalten kein spezielles Triebmittel und verdanken ihre lockere Beschaffenheit nur den Eiern und bei manchen Rezepten auch dem Rum.

Grundrezept I (für Kleingebäck)

150 g Margarine, 150 g Zucker, 1 Päckchen Vanillinzucker, Salz, 1 großes Ei, 1 Eigelb, 150 g Weizenmehl, 150 g Stärkemehl.

Margarine, Zucker, Gewürz und Eier schaumig rühren, das Mehl darübersieben und unterarbeiten. Der Teig muß spritzfähig sein. Nach Rezeptvorschrift verarbeiten.

Grundrezept II (für Kuchen und Torten)

200 g Zucker, 5 Eier, 1 Päckchen Vanillinzucker, Salz, 125 g Weizenmehl, 125 g Stärkemehl, 100 g Margarine, 1 bis 2 Eßlöffel Rum.

Zucker, Eier und Gewürz recht schaumig rühren (elektrisch 10 Minuten, mit der Hand in gleicher Richtung 25 Minuten). Das gesiebte Mehl locker unterheben und die zerlassene, abgekühlte Margarine unter ständigem Schlagen nach und nach zugießen. Zuletzt den Rum zugeben. In der vorgeschriebenen Weise weiterverarbeiten.

Grundrezept III (für Kuchen und Torten)

300 g Margarine, 300 g Stärkemehl, 300 g Zucker, 5 Eier, Salz, ½ Teelöffel abgeriebene Zitronenschale oder 1 Päckchen Vanillinzucker oder 2 bis 3 bittere Mandeln.

Unter die schaumig geschlagene Margarine nach und nach das Mehl rühren. Zucker, Eier, Salz und Zitronenschale recht schaumig schlagen und allmählich unter die Margarinemasse geben. Nach Vorschrift weiterverarbeiten. – Mit dem Mehl kann 1 knapper Teelöffel Backpulver gesiebt werden, dadurch wird das Gebäck etwas lockerer. Die Hälfte des Stärkemehls läßt sich durch Weizenmehl ersetzen.

Dran gedacht – gut gelungen: In den beiden ersten Grundrezepten sind Weizen- und Stärkemehl jeweils in gleicher Menge angegeben. Es kann aber auch nur Weizenpuder (Weizenin) verwendet werden. Bei Sandmassen empfiehlt es sich, die Form nicht nur zu fetten, sondern auch auszustäuben oder auszubröseln. Es genügt eine mäßige Mittelhitze. Da das Gebäck sehr empfindlich ist, soll die Ofentür während der Backzeit nicht geöffnet werden. Jeder Luftzug kann dazu beitragen, das Gebäck zusammenfallen und schliff werden zu lassen. Im allgemeinen ist es so, daß der Kuchen gar ist, wenn er sich vom Rand der Form zu lösen beginnt. Steht er von diesem Zeitpunkt an noch eine Weile bei geöffneter Tür im ausgeschalteten Herd, so ist das für das gute Gelingen sehr vorteilhaft. Das zarte Gebäck soll erst nach dem völligen Erkalten aus der Form genommen werden.

S-Gebäck

Sandmasse I.

Die Masse in einen Beutel mit großer Tülle füllen und s-förmig auf ein leicht gefettetes, bestäubtes Blech spritzen. Bei Mittelhitze goldgelb backen. – Das Gebäck kann nach Wunsch ganz oder zur Hälfte mit Schokoladenglasur überzogen werden.

Sandplätzchen

Sandmasse I, Konfitüre, Marmelade oder Gelee.

Gleich große Plätzchen auf ein gefettetes, bestäubtes Blech spritzen, jeweils mit etwas Konfitüre betupfen und bei Mittelhitze goldgelb backen. – Anstelle von Konfitüre können kleine Schokoladenplätzchen verwendet werden. Jeweils zwei Plätzchen lassen sich auch mit Konfitüre oder Schokoladenglasur zusammensetzen.

Sandkeks

200 g Schmelzmargarine, 200 g Zucker, 1 Päckchen Vanillinzucker,
1 Teelöffel abgeriebene Zitronenschale, Salz, 2 kleine Eier,
1 bis 2 Eßlöffel Rum oder Weinbrand, 400 g Mehl.

Schmelzmargarine, Zucker, Gewürz und Eier schaumig schlagen. Rum und Mehl zugeben und den gut durchgearbeiteten Teig über Nacht bei mäßiger Zimmerwärme stehen lassen. Ausrollen, beliebige Formen davon abstechen und auf gefettetem Blech bei Mittelhitze goldgelb backen.

Heidesand

200 g Margarine, 200 g Zucker, 1 Päckchen Vanillinzucker, Salz,
1 Eßlöffel Milch, 1 Eßlöffel Weinbrand, 300 g Mehl.

Die beim Erhitzen leicht gebräunte Margarine fest werden lassen und schaumig schlagen. Dabei allmählich Zucker, Gewürz, Milch und Weinbrand zugeben. Mit der Hand nach und nach das Mehl unterarbeiten. Den Teig zu Rollen von etwa 4 cm Durchmesser formen, in Margarinepapier wickeln und mindestens 30 Minuten kalt stellen. Mit scharfem Messer in etwa 5 mm starke Scheiben schneiden und auf leicht gefettetem Blech bei Mittelhitze hellgelb backen.

Sandstreifen

Sandmasse II oder III oder Sandkuchenscheiben, 250 g Staubzucker,
5 bis 6 Eßlöffel Ananassaft, Ananasstückchen zum Garnieren.

Die Sandmasse auf einem gefetteten, bestäubten Blech breitstreichen und bei Mittelhitze etwa 30 Minuten goldgelb backen. Nach dem völligen Erkalten in gleichmäßige Streifen schneiden und glasieren. Für die Glasur gesiebten Staubzucker und Ananassaft verrühren. Jeden glasierten Streifen mit abgetropften Ananasstückchen garnieren. –

Anstelle von Ananasglasur läßt sich eine andere Glasur mit entsprechender Garnitur verwenden (Schokoladenglasur – Mandeln, Zitronenglasur – mit Sirup überzogene Zitronenstückchen, Rumglasur – Maraschinofrüchte).

Sandkuchen

Sandmasse II oder III (möglichst mit $^1/_2$ Teelöffel Backpulver bereitet), beliebige Glasur.

Die Sandmasse entweder mit 75 g gehackten Mandeln (darunter einige bittere) oder mit je 75 g Sultaninen, geraspeltem Zitronat und gehackten Mandeln verarbeiten. In eine gefettete, mit Butterpapier ausgelegte Kastenform füllen und bei Mittelhitze etwa 45 Minuten backen. Nach dem völligen Erkalten stürzen und hell oder dunkel glasieren. – Sandkuchen läßt sich auch durch eine Fülle verfeinern.

Wiener Sandkuchen

150 g Margarine, 2 Eier, 150 g Zucker, 1 Teelöffel Rum, abgeriebene Zitronenschale, Salz, 150 g Stärkemehl, $^1/_2$ Päckchen Backpulver, 75 g Sultaninen.

Die sahnig geschlagene Margarine, Eigelb, Zucker, Rum und Gewürz so lange rühren, bis die Masse dickcremig geworden ist. Mehl und Backpulver darübersieben, unterarbeiten, Sultaninen und den steifen Eischnee unterheben. Etwa 45 Minuten backen.

Krümelkuchen

125 g Margarine, 85 g Zucker, 1 Päckchen Vanillinzucker, Salz, 2 Eiweiß, 125 g Mehl, 2 Eßlöffel erhitzte Butter, Streusel aus 150 g Mehl, 2 Eßlöffel Kakao, 100 g Zucker, 100 g Feinmargarine.

Für den Teig Margarine, Zucker, Gewürz und Eiweiß schaumig rühren und das gesiebte Mehl unterheben. Dünn auf ein vorbereitetes Blech streichen, die erhitzte Butter darüber verteilen und mit den aus den übrigen Zutaten bereiteten Streuseln bekrümeln. Bei Mittelhitze backen.

Sachertorte

350 g Margarine, 225 g Weizenmehl, 125 g Stärkemehl, 50 bis 60 g Kakao, 2 Teelöffel Backpulver, 8 Eier, 300 g Zucker, Salz, 2 Päckchen Vanillinzucker, 50 g geriebene Mandeln, Aprikosenmarmelade, Schokoladen-Fettglasur.

Zur schaumig gerührten Margarine Mehl, Kakao und Backpulver sieben und unterarbeiten. Eigelb, Zucker und Gewürz ebenfalls schaumig schlagen und mit den Mandeln zur Margarinemasse geben. Den steifen Eischnee unterheben und in einer gefetteten, ausgestäubten Springform bei Mittelhitze backen. Am nächsten Tag zweimal quer durchschneiden und mit Aprikosenmarmelade, die nach Wunsch mit Rum und Mandeln verrührt sein kann, füllen. Etwa 3 Eßlöffel Aprikosenmarmelade erhitzen und damit die zusammengesetzte Torte überziehen, sofort mit Schokoladen-Fettglasur bestreichen. Die Torte kann mit Hütchenpralinen oder anderem Konfekt garniert werden.

Der Backpulverteig

Ein Backpulverteig ist rasch bereitet und gelingt eigentlich immer. Diese Feststellung soll keine Herabsetzung anderer Teige sein – die Verwendung von Backpulver ist eben nur ganz besonders unkompliziert.

Grundrezept für Rührteig

250 bis 300 g Margarine, 200 g Zucker, Salz,
abgeriebene Zitronenschale oder Vanillinzucker
oder 4 bittere Mandeln, 3 bis 4 Eier, 400 g Weizenmehl,
100 g Stärkemehl, 1 Päckchen Backpulver, 6 bis 8 Eßlöffel Milch.

Die schaumig geschlagene Margarine, Zucker und Gewürz verrühren. Nach und nach die Eier zugeben. Erst wenn die Masse glatt ist, Mehl und Backpulver darübersieben und während des Weiterschlagens die Milch zugießen. Den Teig ohne weitere Unterbrechung nach Rezeptvorschrift verarbeiten. – Wird für einfaches Gebäck die Margarine- oder Eimenge herabgesetzt, so muß die Milchmenge erhöht werden. Der Teig soll schwerreißend vom Löffel fallen. Bei Verwendung einer elektrischen Küchenmaschine werden zunächst Eier und Zucker schaumig gerührt und dann erst die übrigen Zutaten zugegeben.

Grundrezept für Knetteig

500 g Mehl, 1 Päckchen Backpulver, 175 g Margarine, 125 g Zucker, Salz, abgeriebene Zitronenschale oder Vanillinzucker oder 3 bittere Mandeln, 2 Eier, 2 bis 3 Eßlöffel Milch.

Mehl und Backpulver sieben und nach und nach mit den übrigen Zutaten verarbeiten.

Dran gedacht – gut gelungen: Backpulver soll trocken, am besten in einer gut schließenden Dose aufgehoben werden. Das Herstellungsdatum ist meistens auf dem Beutel eingestanzt, so daß die Grenze der Haltbarkeit – 9 Monate – leicht zu errechnen ist. 1 Päckchen Backpulver ist im allgemeinen für einen mit 500 g Mehl bereiteten Teig ausreichend. Alle Zutaten für den Teig werden kalt und erst unmittelbar vor dem Bakken verarbeitet. Durch die beim Backen entstehende Feuchtigkeit und Hitze entwickelt sich Kohlensäure, die den Teig im Ofen auftreibt und dabei lockert. Backpulver soll bei der Teigbereitung nicht unmittelbar mit Flüssigkeit zusammenkommen, weil dadurch seine Wirksamkeit schon vorzeitig einsetzt und das Gebäck nicht mehr in der gewünschten Form gelockert werden kann. Zutaten, die den Teig verfeinern sollen, wie Sultaninen, Korinthen, Zitronat oder andere Trockenfrüchte, werden erst zuletzt zum Teig gegeben und dürfen nicht mehr naß sein.

Nußstäbchen

Hälfte der Rührteigmenge nach Grundrezept, 200 g geriebene Nüsse oder Mandeln, 5 bis 6 geriebene bittere Mandeln, 1 Ei.

Den mit Nüssen und bitteren Mandeln vermischten Rührteig in gleichmäßigen Streifen auf ein gefettetes, bestäubtes Blech spritzen. Kurz vor Ende der Backzeit mit verquirltem Ei bestreichen und bei Mittelhitze goldgelb werden lassen. – Anstelle von Nüssen lassen sich feingehackte Trockenfrüchte unter den Teig mengen.

Gefüllte Schnitten

Dreiviertel der Rührteigmenge nach Grundrezept,
$^1/_2$ Glas Konfitüre, Zuckerglasur, Liebesperlen.

Den Rührteig knapp 1 cm stark auf ein gefettetes, bestäubtes Blech streichen und bei Mittelhitze goldgelb backen. Nach dem Erkalten in Streifen, Vierecke oder Dreiecke schneiden oder mit scharfkantigen Förmchen ausstechen. Jeweils zwei Stücke mit Konfitüre zusammensetzen, glasieren und mit Liebesperlen oder buntem Streuzucker verzieren. – Anstelle von Konfitüre und Glasur läßt sich auch Creme verwenden.

Nußplätzchen

200 g Weizenmehl, 50 g Stärkemehl, 1 Teelöffel Backpulver, 100 g Zucker, Salz, 1 Päckchen Vanillinzucker, 1 Ei, 100 g Margarine, 125 g gehackte Nüsse, 1 Eßlöffel Zitronensaft oder Sahne.

Mehl und Backpulver sieben und nacheinander mit den übrigen Zutaten verarbeiten. Aus dem Teig Rollen von etwa 3 cm Durchmesser formen, kalt stellen und in Scheiben schneiden. Nach Wunsch mit verquirltem Ei bestreichen und mit Nüssen belegen. Bei Mittelhitze goldgelb backen.

Mokkataler

Knetteig nach Grundrezept, aber nicht mit Milch, sondern mit Mokka bereitet, Mokkaglasur, etwa 15 Stück Moketten.

Aus dem Teig Rollen von etwa 4 cm Durchmesser formen. Mit scharfem Messer in gleichmäßige Scheiben schneiden und auf gefettetem Blech goldgelb backen. Sofort glasieren und mit Moketten verzieren.

Schokoladenhörnchen

Dreiviertel der Knetteigmenge nach Grundrezept, 2 bis 3 Eßlöffel Kakao, 65 g geriebene Nüsse oder Kokosraspel, 1 Ei.

Den Teig mit den übrigen Zutaten – ein halbes Ei zurücklassen – verarbeiten. Zu Hörnchen oder Brezeln formen, auf gefettetem Blech mit dem verquirlten Eirest bestreichen und nach Wunsch mit Kandissplittern bestreuen. Bei Mittelhitze goldgelb backen. – Das Gebäck kann auch beliebig glasiert werden.

Knusperherzen

75 g Margarine, 75 g Zucker, 2 bis 3 Eßlöffel Honig, 1 Teelöffel Zimt, abgeriebene Zitronenschale, Salz, 1 Ei, 50 g gehackte Mandeln (darunter 3 bittere), 250 g Mehl, ½ Päckchen Backpulver, 1 Glas Weiß- oder Apfelwein; grober Zucker.

Die weiche Margarine mit allen übrigen Zutaten zu einem zarten Knetteig verarbeiten. Auf grobem Zucker reichlich 5 mm stark ausrollen. Herzen ausstechen und auf gefettetem, bemehltem Blech bei Mittelhitze goldgelb backen.

Quarkbrezeln

250 g trockener Quark, 150 g Margarine, 1 Eßlöffel Öl, 1 Ei, 2 Eßlöffel Zucker, 1 Päckchen Vanillinzucker, Salz, 375 g Mehl, 1 Päckchen Backpulver, verquirltes Ei, gehackte Mandeln.

Quark, erhitzte, abgekühlte Margarine, Öl, Ei, Zucker und Gewürz verrühren und möglichst durch ein Sieb streichen. Das mit dem Backpulver gesiebte Mehl zugeben und rasch einen Teig bereiten. Gleichmäßig lange Röllchen zu Brezeln formen, mit verschlagenem Ei bestreichen und mit gehackten Mandeln bestreuen. Bei Mittelhitze etwa 10 Minuten backen.

Fruchtröllchen

225 g Margarine, 100 g vanillierter Zucker, 2 Eier, Salz, ½ Zitrone oder Apfelsine, 300 g Mehl, ½ Päckchen Backpulver, 100 g Korinthen, 80 g Datteln oder Feigen, 50 g Zitronat, Haselnüsse zum Garnieren.

Margarine, Zucker, 1½ Eier, Salz, Schale und Saft der Zitrone schaumig rühren. Das mit dem Backpulver gesiebte Mehl und die gehackten Früchte unterarbeiten. Den Teig zu gleichmäßigen Röllchen formen, auf gefettetem Blech mit dem verquirlten Eirest bestreichen und mit Haselnußhälften garnieren. Bei Mittelhitze 15 Minuten backen.

Bröselkeks

150 g feine Kuchen- oder Zwiebackbrösel, 100 g Mehl, ½ Päckchen Backpulver, 2 bis 3 Eßlöffel Kakao, 100 g Margarine, 75 g Zucker, 1 Päckchen Vanillinzucker, Salz, 1 Ei, 3 bis 4 Eßlöffel Sahne, Zuckerglasur.

Kuchenbrösel leicht rösten, Mehl, Backpulver und Kakao sieben. Margarine, Zucker, Gewürz und Ei schaumig schlagen, löffelweise Brösel, Mehl und Sahne zugeben. Den gründlich durchgearbeiteten Teig zu Kugeln formen, auf gefettetem Blech bei Mittelhitze backen und jedes Stück ganz oder zur Hälfte glasieren.

Mohnecken

Dreiviertel der Knetteigmenge nach Grundrezept (die Hälfte des Mehles durch Grieß ersetzen), 1 kleines Ei, etwa 4 Eßlöffel Mohn.

Den Teig, möglichst mit bitteren Mandeln gewürzt, dünn ausrollen, ausstechen oder ausschneiden, mit verquirltem Ei bestreichen und mit dieser Seite in Mohn drücken. Auf gefettetem Blech goldbraun backen.

Bussel

250 g Mehl, 1 Teelöffel Backpulver, 125 g Zucker, 2 Eier, Salz, abgeriebene Zitronenschale, 3 Eßlöffel Milch, 175 g Margarine, 200 g geröstete Haferflocken, 4 geriebene bittere Mandeln.

Mehl und Backpulver sieben und nach und nach mit den übrigen Zutaten verarbeiten. Aus dem Teig runde Plätzchen formen, möglichst mit verquirltem Ei bestreichen und mit Nußkernen verzieren. Bei Mittelhitze goldgelb backen.

Zuckertütchen

300 g Mehl, 2/3 Päckchen Backpulver, 100 g Margarine, 100 g Zucker, 1 Päckchen Vanillinzucker, Salz, 1 Ei, etwa 6 Eßlöffel Milch, Zuckerglasur, Füllung, siehe Seite 135, Schokoladenplätzchen.

Aus Mehl, Backpulver, Margarine, Zucker, Gewürz, Ei und Milch einen Teig bereiten. Etwa 2 mm stark ausrollen. 6 bis 8 cm hohe Papiertütchen mit Teig umhüllen, die „Nahtstellen" jeweils mit Zuckerwasser verkleben. Mit der Spitze nach oben auf gefettetem Blech bei kräftiger Mittelhitze backen. Die Papiertütchen vorsichtig herausziehen. Das glasierte Gebäck mit Schokoladenplätzchen verzieren und füllen.

Schokoladenigel

Hälfte der Rührteigmenge nach Grundrezept, Schokoladenglasur, etwa 50 g Mandelstifte.

Den Teig in ovalen vorbereiteten Förmchen bei Mittelhitze backen. Erkaltet stürzen, mit Schokoladenglasur überziehen und mit Mandelstiften bestecken.

Quarkbrötchen

250 g Mehl, knapp 1 Päckchen Backpulver, 1 Eßlöffel Zucker, Salz, abgeriebene Zitronenschale, 1 Ei, 250 g Quark, 65 g Korinthen.

Mehl und Backpulver sieben und mit Zucker, Gewürz, reichlich einem halben Ei und Quark zu einem Teig verarbeiten. Zuletzt die Korinthen zugeben. Brötchenförmige Stücke auf ein gefettetes Blech setzen, mit dem verquirlten Eirest bestreichen und bei Mittelhitze goldbraun backen.

Gefüllte Hörnchen

250 g gekochte geriebene Kartoffeln vom Vortage, 250 g Mehl, 1 Päckchen Backpulver, 125 g Zucker, 50 g Butterschmalz oder Fett, Salz, 1 bis 2 Eßlöffel Milch, 1 Ei, abgeriebene Zitronenschale, 1 Päckchen Vanillinzucker; Marmelade.

Alle Zutaten – mit Ausnahme der Marmelade – gründlich verarbeiten, ausrollen und in nicht zu große Dreiecke oder Quadrate schneiden. Jedes Teigstück mit etwas Marmelade betupfen, zusammenrollen und zum Hörnchen biegen. Auf gefettetem Blech möglichst mit Zuckerwasser oder verquirltem Ei bestreichen und bei mäßiger Hitze backen. Nach Wunsch können die Hörnchen glasiert werden. Frisch essen!

Käsetörtchen

Rührteig nach Grundrezept, aber ohne Zucker, dafür mit 1/8 l Sahne und 150 g geriebenem Käse sowie mit reichlich Paprika und ein paar Spritzern Suppenwürze bereitet, Käsecreme, siehe Seite 138, Kapern.

Den Rührteig auf gefettetem, bestäubtem Blech breitstreichen und bei Mittelhitze goldgelb backen. Zu beliebig geformten Törtchen ausstechen oder -schneiden, mit Käsecreme bespritzen und mit Kapern, nach Wunsch auch Tomatenachteln, Petersilie oder Salzgebäck garnieren.

Pikant gefüllte Ecken

Hälfte der Knetteigmenge nach Grundrezept, aber ohne Zucker bereitet, 1 bis 2 gare Kartoffeln vom Vortage, Salz, Paprika, 100 g harte Wurst, 50 g geriebener Käse, 1 Dose Paprikamark oder 2 Eßlöffel Tomatenmark, gehackte Petersilie, 1 kleines Ei, Kümmel.

Den ungesüßten Teig mit der geriebenen Kartoffel, Salz und Paprika verarbeiten und etwa 5 mm stark ausrollen. In gleichmäßige Quadrate schneiden (etwa 10 × 10 cm). Wurstwürfelchen, Reibkäse, Paprikamark und Petersilie vermengen und auf den kleinen Teigplatten häufchenweise verteilen. Die Teigränder mit Eiweiß bestreichen und jeweils eine Teighälfte auf die andere klappen, so daß entweder Dreiecke oder Taschen entstehen. Auf gefettetem Blech mit verquirltem Eigelb bestreichen und mit Kümmel bestreuen. Bei Mittelhitze etwa 20 Minuten backen.

Wiener Röllchen

Hälfte der Knetteigmenge nach Grundrezept, aber ohne Zucker, dafür mit reichlicher Salz, Paprika und ein wenig Liebstöckel bereitet, gekochter Schinken, 1 Ei, gehackte Mandeln.

Den Teig dünn ausrollen und in längliche Rechtecke schneiden. Mit dünnen Schinken- oder Mortadellawurstscheiben belegen. Jedes Teigstück aufrollen, mit verquirltem Ei bestreichen und mit gehackten Mandeln bestreuen. Bei Mittelhitze goldbraun backen.

Rührkuchen

Rührteig nach Grundrezept, Staubzucker oder beliebige Glasur.

Den Rührteig dreiviertelhoch in eine gefettete, ausgebröselte Form füllen. Bei Mittelhitze mindestens 60 Minuten backen. Nach dem völligen Erkalten stürzen und mit Staubzucker besieben oder glasieren. – Rührkuchenteig läßt sich auf verschiedene Weise verfeinern: durch Zugabe von gehackten Mandeln und Sultaninen oder Korinthen, durch saure oder süße Sahne anstelle von Milch, durch feinblättrig geschnittene oder geraspelte Schokolade.

Marmorkuchen

Rührteig, 3 Eßlöffel Kakao, Staubzucker, 4 Eßlöffel Sahne oder Milch, Butter.

Den Teig halbieren und unter die eine Hälfte Kakao, 2 Eßlöffel Staubzucker und Sahne rühren. Den hellen und dunklen Teig abwechselnd in eine gefettete, ausgebröselte Form füllen und bei Mittelhitze etwa 60 Minuten backen. Nach dem Erkalten stürzen, mit zerlassener Butter bestreichen und dick mit Staubzucker besieben oder glasieren. – Gehackte Mandeln oder Nüsse verfeinern den Teig.

Tassenkuchen

2 Tassen Mehl, 1 Päckchen Backpulver, 2 Tassen Grieß, 2 Eier, 2 Tassen Milch, knapp 2 Tassen Zucker, Salz, abgeriebene Zitronenschale oder Vanillinzucker, Aprikosenmarmelade, Zuckerglasur.

Das mit Backpulver gesiebte Mehl, Grieß, Eier, Milch, Zucker und Gewürz zu einem geschmeidigen Teig verarbeiten. In vorbereiteter Springform bei Mittelhitze backen und nach dem Erkalten einmal quer durchschneiden. Zwischen beide Lagen Aprikosenmarmelade füllen und den zusammengesetzten Kuchen mit erhitzter Marmelade bestreichen, sofort mit Zuckerglasur überziehen.

Ungarischer Teekuchen

150 g Margarine, 150 g Zucker, Salz, je eine Prise Zimt und Ingwer, 4 Eier, je 100 g Sultaninen und Korinthen, je 50 g Zitronat und getrocknete Aprikosen, 200 g Mehl, 1 Teelöffel Backpulver, 2 Eßlöffel Milch, 4 bis 6 Eßlöffel Pfirsichgeist, Weinbrand oder Rum.

Margarine, Zucker und Gewürz schaumig schlagen, nach und nach Eigelb und gehackte Trockenfrüchte zugeben. Mehl und Backpulver darübersieben und ebenso wie die anderen Zutaten – mit Ausnahme des Alkohols – unterarbeiten. Zuletzt den steifen Eischnee unterziehen. In einer mit gefettetem Papier ausgelegten Kastenform bei Mittelhitze etwa 50 Minuten backen. Nach dem Erkalten stürzen, den Alkohol in die Form gießen und den Kuchen wieder hineinlegen. Frühestens am nächsten Tag anschneiden.

Englischer Teekuchen

200 g Margarine, 180 g Zucker, Salz, 1 Zitrone, 4 Eier, 1 bis 2 Eßlöffel Weinbrand, je 125 g Weizen- und Stärkemehl, 1/2 Päckchen Backpulver, 80 g süße Mandeln, 15 g bittere Mandeln, 200 g Trockenfrüchte.

Zur schaumig geschlagenen Margarine Zucker, Salz, Saft und abgeriebene Schale der Zitrone rühren. Nach und nach Eier und Weinbrand zugeben. Mehl und Backpulver sieben, mit gehackten Mandeln und Trockenfrüchten vermischen. Unter die Margarinemasse arbeiten. In gefetteter, ausgestäubter Kastenform etwa 45 Minuten backen.

Dresdner Kuchen

125 g Margarine, Salz, 150 g Zucker, 1 Päckchen Vanillinzucker, 4 Eier, je 100 g Weizen- und Stärkemehl, 1/2 Päckchen Backpulver, 2 Eßlöffel Rum, abgeriebene Apfelsinenschale, 50 g Schokolade.

Margarine, Salz, Zucker und Vanillinzucker schaumig rühren, nach und nach die Eier zugeben. Das mit dem Backpulver gesiebte Mehl unterarbeiten und zuletzt Rum, ein wenig abgeriebene Apfelsinenschale und die in kleine Würfel geschnittene Schokolade zugeben. Den Teig in eine gefettete, ausgestäubte Rehrückenform füllen und bei Mittelhitze mindestens 50 Minuten backen. Wenn gewünscht, mit Glasur überziehen.

Griechischer Kastenkuchen

Rührteig nach Grundrezept, 100 g Kokosraspel, 4 Eßlöffel Dessertwein, 75 g Korinthen, 5 geriebene bittere Mandeln, Rum- oder Likörglasur.

Den Teig halbieren und in die eine Hälfte die übrigen Zutaten geben. Diesen Teig in eine gefettete, ausgestäubte Ringform füllen, den restlichen Teig darüber verteilen und bei Mittelhitze mindestens 60 Minuten backen. Mit Rumglasur überziehen.

Brühkuchen

2 Eier, 200 g Zucker, Salz, 1/2 Zitrone, je 150 g Weizen- und Stärkemehl, 1/2 Päckchen Backpulver, 175 g Margarine, Zuckerglasur.

Eier, Zucker und Salz recht schaumig schlagen. Saft und abgeriebene Schale der Zitronenhälfte und nach und nach das mit dem Backpulver gesiebte Mehl zugeben. Die Margarine erhitzen und nach leichter Abkühlung flott unter den Teig arbeiten. In gefetteter, ausgestäubter Kastenform bei Mittelhitze mindestens 50 Minuten backen. (Vorsicht, nicht zu zeitig nachsehen!). Nach dem Erkalten stürzen und beliebig glasieren oder mit Creme füllen und garnieren.

Rollkuchen

*Knetteig nach Grundrezept, 1 Glas Konfitüre, 1 Ei,
2 Eßlöffel Rum oder Milch, 75 g Mandeln oder Nüsse
(darunter 5 bis 6 Stück bittere Mandeln), Schokoladen-Fettglasur.*

Den Teig rechteckig ausrollen. Konfitüre, Ei und Rum recht gut verrühren, auf dem Teig breitstreichen und mit gehackten Mandeln bestreuen. Die Teigplatte zusammenrollen und auf gefettetem Blech bei Mittelhitze etwa 50 Minuten backen. Nach dem Erkalten mit Schokoladenglasur überziehen und mit Mandeln oder Nüssen garnieren.

Kartoffel-Aschkuchen

*125 g Margarine, 175 g Zucker, 1 Ei, Salz, 1/2 Zitrone,
1/4 l Milch, 200 g gekochte, geriebene Kartoffeln, 250 g Mehl,
1 Päckchen Soßenpulver Vanillegeschmack, 1 Päckchen Backpulver,
125 g Sultaninen oder Korinthen, Butter, Staubzucker.*

Margarine, Zucker, Ei, Salz, Saft und abgeriebene Schale der Zitrone schaumig rühren. Die Milch, die Kartoffeln, das mit Soßen- und Backpulver gesiebte Mehl und die vorbereiteten Sultaninen zur Margarinemasse geben. In gefetteter Aschkuchenform bei Mittelhitze mindestens 50 Minuten backen. Mit zerlassener Butter streichen und mit Staubzucker besieben. Dieser Kuchen muß frisch aufgetragen werden.

Quark-Aschkuchen

*150 g Margarine, 225 g Zucker, Salz, abgeriebene Zitronenschale,
2 Eier, 250 g Quark, 400 g Mehl, 1 Päckchen Backpulver, 100 g Korinthen,
Staubzucker.*

Margarine, Zucker, Gewürz und Eier schaumig rühren, mit dem Quark verschlagen und durchstreichen. Mehl und Backpulver darübersieben und den Teig zuletzt mit den vorbereiteten Korinthen vermengen. Bei sehr trockenem Quark etwas Milch oder saure Sahne zugießen. Bei Mittelhitze etwa 60 Minuten in einer gefetteten, ausgestäubten Aschkuchenform backen und mit Staubzucker besieben.

Möhrenkuchen

*100 g Margarine oder Fett, 125 g Zucker, 3 Eier, Salz,
Saft einer ganzen, Schale einer halben Zitrone, 125 g Quark, 375 g Mehl,
1 Päckchen Backpulver, 6 bis 8 Eßlöffel Grieß,
125 g feingeriebene rohe Möhren, 2 geraspelte Äpfel, 3 Eßlöffel Korinthen.*

Margarine, Zucker, Eier und Salz schlagen und nach und nach mit den übrigen Zutaten verrühren. In gefetteter, ausgebröselter Kastenform bei Mittelhitze etwa 60 Minuten backen. Nach dem Erkalten stürzen, möglichst mit zerlassener Butter bestreichen und mit Staubzucker besieben.

Mohn-Aschkuchen

150 g gemahlener Mohn, reichlich 1/8 l Milch, 200 g Zucker, Salz, 1 Päckchen Vanillinzucker, 1 Ei, 1 Eßlöffel Rosenwasser oder Weinbrand, 250 g Mehl, 1/2 Päckchen Backpulver.

Den Mohn mit der siedenden Milch brühen und nach Abkühlung Zucker, Salz, Vanillinzucker, Ei und Rosenwasser unterrühren. Mehl und Backpulver darübersieben und den gründlich verarbeiteten Teig in einer gefetteten, ausgestäubten Aschkuchenform bei Mittelhitze backen. Möglichst mit einer Zitronenglasur überziehen.

Gefüllter Aschkuchen

Dreiviertel der Rührteigmenge nach Grundrezept, 150 g geriebene Mandeln, darunter einige bittere, 125 g Zucker, 80 g Zitronat, 50 g Semmelbrösel, 1/2 Teelöffel Zimt, abgeriebene Zitronenschale, 2 Eßlöffel Milch oder Weinbrand, 2 Eiweiß.

Die Hälfte des Teiges in eine vorbereitete Aschkuchenform füllen. Mandeln, Zucker, zerkleinertes Zitronat, Semmelbrösel, Gewürz und Milch verrühren und den steifen Eischnee unterziehen. Diese Fülle auf dem Teig verteilen, den Teigrest darübergeben und den Kuchen bei Mittelhitze etwa 50 Minuten backen. – Ein Backpulver-Rührteig kann auch in eine Springform gefüllt, mit der gleichen Mandelfülle bestrichen und als Torte gebacken werden.

Weichselkuchen

Etwa 750 g Kirschen, 75 g Margarine, 150 g Zucker, 2 Eier, Salz, 125 g Weizenmehl, 65 g Stärkemehl, knapp 1/2 Päckchen Backpulver, 3 bis 5 geriebene bittere Mandeln.

Eine gefettete Springform mit ebenfalls gefettetem Butterpapier auslegen. Die Kirschen darauf verteilen, nach Wunsch Korinthen oder Sultaninen daraufstreuen. Margarine, Zucker, Eier und Salz recht schaumig schlagen, das mit dem Backpulver gesiebte Mehl und die Mandeln unterarbeiten. Den Teig auf die Kirschen füllen und den Kuchen bei Mittelhitze etwa 50 Minuten backen. Nach dem Erkalten stürzen, das Papier vorsichtig herunterziehen. Nach Möglichkeit mit zerlassener Butter beträufeln und mit Staubzucker besieben. – Auch anderes Obst ist verwendbar.

Schokoladenkranz

Rührteig nach Grundrezept, Lukullusmasse, siehe Seite 133, Mandelhälften oder -splitter.

Den Rührteig, wie auf Seite 33 bei Frankfurter Kranz beschrieben, backen. Anstelle von Creme zum Füllen und Überziehen Lukullusmasse verwenden. Mit Mandelhälften oder -splittern garnieren. Die Lukullusmasse für die Fülle kann mit gehackten Mandeln oder Kokosraspeln vermengt werden.

Zarter Fruchtkuchen

Dreiviertel der Rührteigmenge nach Grundrezept, 750 g Obst (Aprikosen, Äpfel, Pflaumen oder Kirschen), Butter, feiner klarer Zucker oder Staubzucker.

Den Rührteig auf einem gefetteten, bestäubten Blech oder in ebenso vorbereiteter Springform breitstreichen. Das Obst (Steinobst entkernt, Äpfel halbiert und anstelle des Kernhauses mit ein wenig Konfitüre gefüllt) in gleichmäßigen Abständen auf dem Teig verteilen (Apfelhälften mit der Rundung nach oben legen). Bei Mittelhitze etwa 45 Minuten backen. Sofort mit erhitzter Butter bestreichen und mit Zucker bestreuen. – Vor dem Auflegen der Früchte kann der Teig mit einer zum Geschmack des Obstes passenden Marmelade, die mit Weinbrand verrührt wurde, bestrichen werden.

Quarkstollen

75 g Margarine oder Fett, 100 g Zucker, 2 Eier, Salz, 1 Päckchen Vanillinzucker, abgeriebene Zitronenschale, 250 g Quark, 400 g Mehl, 1 Päckchen Backpulver, Butter, Staubzucker.

Margarine, Zucker, Eier und Gewürz recht schaumig schlagen, den Quark unterrühren und diese Masse durchstreichen. Das mit dem Mehl gesiebte Backpulver unterarbeiten. Den Teig entweder stollenähnlich formen und auf ein gefettetes Blech legen oder in einer gefetteten Kastenform bei guter Mittelhitze backen. Nach dem Backen mit zerlassener Butter bestreichen und mit Staubzucker besieben.

Nußkuchen

250 g geriebene Nüsse, 250 g Grieß, 250 g Zucker, 1 Päckchen Vanillinzucker, 1 Eßlöffel Mehl, 1 Päckchen Backpulver, knapp ½ l Milch (auch halb Milch, halb Kaffee), Schokoladenglasur.

Alle Zutaten, Mehl und Backpulver gesiebt, untereinandermengen und den Teig in einer gefetteten, ausgestäubten Springform backen. Nach dem Erkalten glasieren und mit Nüssen garnieren. – Der Teig kann auch auf ein gefettetes Blech gestrichen, mit gehackten Nüssen bestreut und bei Mittelhitze etwa 25 Minuten gebacken werden.

Früchtekuchen

Dreiviertel der Rührteigmenge nach Grundrezept, 70 g Korinthen, 70 g Sultaninen, 50 g geraspeltes Zitronat, 100 g getrocknete Aprikosen, Zuckerglasur.

Unter den Rührteig die zerkleinerten Trockenfrüchte mischen und in gefetteter, ausgebröselter Form bei Mittelhitze mindestens 50 Minuten backen. Diesen sich lange Zeit frisch haltenden Kuchen erst vor dem Auftragen glasieren oder buttern und mit Staubzucker besieben.

Sachertorte

Leipziger Lerchen · Reistorte

Quarkstrudel · weiße Fruchtschnitten

Terrassenplätzchen · Teebrezeln · Zweifarbenkeks · Mürbchen · Nußröllchen

Marmorkuchen · Frankfurter Kranz

Kolatschen · Savarin

Käseröllchen · Schürzkuchen · Spritzringe

Lukullus · Lukullustorte

Marzipankuchen

250 g Mandeln (darunter etwa 12 Stück bittere), 250 g Staubzucker, 2 Eßlöffel Weinbrand oder Rosenwasser, Konfitüre, Dreiviertel der Rührteigmenge nach Grundrezept, Zuckerglasur.

Die abgezogenen, völlig trockenen Mandeln zweimal mit der Maschine zerkleinern, mit Staubzucker vermengen und nochmals durch die Reibemaschine geben. Den Weinbrand gründlich unterarbeiten und die Masse rechteckig ausrollen. Mit Konfitüre bestreichen und zusammenrollen. Reichlich die Hälfte des Rührteiges in eine gefettete, ausgebröselte Kastenform füllen, die Marzipanrolle vorsichtig auflegen und den übrigen Teig darauf verteilen. Bei Mittelhitze mindestens 50 Minuten backen. Nach dem Erkalten stürzen und glasieren. Wenn möglich, mit einem Marzipanrest, beliebig ausgestochen, garnieren. – Anstelle der Marzipanrolle lassen sich mit Konfitüre zusammengesetzte Biskuits oder Butterkeks als Fülle verwenden.

Frankfurter Kranz

Rührteig nach Grundrezept, Buttercreme, siehe Seite 136, 125 g Zucker, 125 g gehackte Mandeln oder Nüsse.

Den Teig in einer gefetteten, ausgestäubten Ringform backen und nach dem Erkalten stürzen. Zweimal quer durchschneiden, mit Buttercreme füllen und auch außen mit einer dünnen Schicht Creme bestreichen. Den geschmolzenen Zucker vom Feuer nehmen und die Mandeln darin verrühren. Sofort auf einem leicht gefetteten Blech breitstreichen und nach dem Erkalten zerklopfen. Die gehackten Mandeln können auch in dem mit wenig Butter erhitzten Zucker geröstet werden, dabei ständig rühren. Diesen Krokant gleichmäßig auf dem Kranz verteilen und nach Belieben mit Cremetupfen verzieren. – Der Frankfurter Kranz wird besonders wirkungsvoll, wenn zwei Cremesorten – eine helle und eine dunkle – verwendet werden.

Dänischer Kranz

150 g Sultaninen, 100 g Korinthen, 150 g gehackte Nüsse oder Mandeln, darunter 5 Stück bittere Mandeln, 75 g Zitronat, 50 g Margarine, 2 Gläschen Rum, anderthalbfache Knetteigmenge nach Grundrezept, 250 g Konfitüre oder Marmelade.

Die vorbereiteten Sultaninen und Korinthen mit Nüssen und geraspeltem Zitronat mischen. Die erhitzte Margarine und den Rum zugießen und gut verrühren. Auf dem lang ausgerollten Teig die Konfitüre breitstreichen und die Fülle darauf verteilen. Den zusammengerollten Teig als Kranz auf gefettetem Blech bei guter Mittelhitze backen. Die Oberfläche des Kranzes kann vor dem Backen mit der Schere in gleichmäßigen Abständen kreuzweise eingeschnitten werden. Anstelle des Backpulver-Knetteiges läßt sich ein Hefeteig, siehe Seite 46, verwenden.

Krümeltorte

500 g Mehl, 1 Päckchen Backpulver, 180 g Margarine, 180 g Zucker, Salz, 1 Päckchen Vanillinzucker, 2 Eier, 2 bis 3 Eßlöffel Milch, 1 Glas gedünstete Früchte, Butter, feiner Zucker.

Aus Mehl, Backpulver, Margarine, Zucker, Gewürz, Eiern und Milch rasch einen Teig kneten und etwas mehr als die Hälfte davon in eine gefettete Springform krümeln. Das gut abgetropfte Obst darauf verteilen und den übrigen Teig darüberkrümeln. Bei Mittelhitze etwa 45 Minuten backen. Sofort mit zerlassener Butter bestreichen und mit feinem Zucker bestreuen. – Anstelle von Obst läßt sich Marmelade oder Pflaumenmus für dieses rasch bereitete Gebäck verwenden.

Kokos-Makronentorte

Hälfte der Knetteigmenge nach Grundrezept, 125 g Margarine, 100 g Kunsthonig, 200 g Kokosraspel, 5 bittere Mandeln, 3 Eier, 100 g Staubzucker.

Mit dem Teig eine vorbereitete Springform auslegen, dabei einen Rand andrücken. Margarine und Kunsthonig erhitzen, Kokosraspel und geriebene Mandeln zugeben, vom Feuer nehmen und die Eigelb unterrühren. Die Masse auf den Teigboden streichen. Bei mäßiger Hitze etwa 40 Minuten backen. Inzwischen die Eiweiß steif schlagen, nach und nach den Staubzucker zugeben, siehe auch Baisermasse, Seite 122, und die Torte damit sternförmig bespritzen oder nur bestreichen. Im mäßig warmen Ofen die Baisermasse fest werden lassen. – Der Einfachheit halber kann der steife Eischnee auch unter die Makronenmasse gehoben werden, dann aber während des Backens mit leicht gefettetem Butterbrotpapier vor zu starker Oberhitze schützen.

Gänseschmalztorte

180 g Gänseschmalz oder Schweinefett, 150 g Zucker, Salz, 1 Päckchen Vanillinzucker, 3 Eier, 2 Gläschen Rum oder Weinbrand, 375 g Mehl, 3/4 Päckchen Backpulver, 3 bis 5 Eßlöffel Milch, 1 Glas Johannisbeer- oder Apfelgelee, 100 g geröstete Haferflocken, 5 bittere Mandeln, Datteln.

Gänseschmalz, Zucker und Gewürz recht schaumig schlagen. Nach und nach Eier und Alkohol zugeben, Mehl und Backpulver darübersieben und den Teig mit so viel Milch verarbeiten, daß er die Konsistenz eines Rührteiges bekommt. In vorbereiteter Springform oder Kastenform bei Mittelhitze etwa 45 Minuten backen. Unter das erhitzte Gelee die gerösteten Haferflocken und geriebenen Mandeln rühren. Mit einem Teil dieser Masse die durchgeschnittene Torte füllen. Den Rest häufchenweise auf der Oberfläche verteilen und jeweils mit einer Dattel garnieren. – Die Torte kann auch aprikotiert oder nur mit Staubzucker besiebt werden.

Bröseltorte

225 g Margarine, 200 g Zucker, Salz, 1 Päckchen Vanillinzucker, abgeriebene Zitronenschale, 4 bis 5 Eier, 250 g Kuchen- oder Zwiebackbrösel, 1/2 Päckchen Backpulver, 3 bis 5 Eßlöffel saure Sahne, weiße Zuckerglasur, Schokoladen-Fettglasur, Streuzucker.

Margarine, Zucker, Gewürz und Eigelb schaumig schlagen. Das mit den Kuchenbröseln vermischte Backpulver und die saure Sahne zugeben, zuletzt den steifen Eischnee unterheben. In gefetteter, ausgebröselter Springform bei Mittelhitze etwa 45 Minuten backen. Nach dem Erkalten stürzen, die Oberfläche gegebenenfalls geradeschneiden, und die Torte zweifarbig glasieren. Mit Streuzucker garnieren.

Quarktorte ohne Teigboden

50 bis 100 g Margarine, 6 Eier, 400 g Zucker, 2 Zitronen, 1 kg trockener Quark, 100 g Grieß, 1 Päckchen Backpulver, 1 Eßlöffel Mehl, Salz.

Margarine, Eigelb, Zucker, die Schale einer und den Saft beider Zitronen schaumig rühren. Den durchgestrichenen Quark, Grieß und das mit dem Mehl gesiebte Backpulver darunterschlagen. Den leicht gesalzenen steifen Eischnee zuletzt unterheben. Mindestens 60 Minuten bei guter Mittelhitze in einer vorbereiteten Springform backen. Die Quarktorte kann sofort mit Butter bestrichen und mit Staubzucker besiebt werden.

Quarktorte

Hälfte der Knetteigmenge nach Grundrezept, 50 g Margarine, 200 g Zucker, 1 Päckchen Vanillinzucker, Salz, 3 bis 4 Eier, 1 Gläschen Rum oder Weinbrand, 1 kg Quark, Vanillepudding aus 1/2 l Milch bereitet, Milch.

Eine leicht gefettete Springform mit dem Teig auslegen, dabei einen hohen Rand andrücken. Margarine, Zucker, Gewürz und nach und nach auch die Eier zusammen schaumig schlagen. Rum, Quark, erkalteten Vanillepudding und Milch nach Bedarf zugeben. Die glattgerührte Masse (sofern kein elektrisches Gerät vorhanden ist, durch ein Sieb streichen) auf dem Teig verteilen. Bei guter Mittelhitze etwa 90 Minuten backen. – Durch die Zugabe von Korinthen oder Sultaninen, gehackten Mandeln (auch einigen bitteren) und Zitronenschale läßt sich die Quarkmasse geschmacklich verändern. Möglichst mit Staubzucker besieben.

Quarktorte mit Schokoladendecke

Quarktorte, nach vorstehendem Rezept bereitet, halbe Menge Lukullusmasse, siehe Seite 133, oder fertig käufliche Schokoladen-Fettglasur.

Die Quarktorte nach dem Abkühlen mit Lukullusmasse überziehen. Nach Belieben mit Mandelsplittern oder kleinen Gebäckstücken garnieren.

Quarktorte mit Mürbeteiggitter

Quarktorte, in der angegebenen Weise bereitet,
Hälfte der Mürbeteigmenge nach Grundrezept, siehe Seite 8,
1 Ei, gedünstete Aprikosen, Butter, Staubzucker.

Die Quarktorte etwa 15 Minuten vor Beendigung der Backzeit gitterförmig mit eibestrichenen Mürbeteigstreifen belegen. Die freibleibenden Quarkflächen mit sehr gut abgetropften Aprikosenhälften ausfüllen. Nach Beendigung der Backzeit buttern und mit Staubzucker besieben. – Anstelle von Teig und Aprikosen läßt sich eine Bienenstichmasse auf den Quark streichen. Diese äußerst schmackhafte Zusammenstellung eignet sich auch sehr gut für einen Blechkuchen.

Sizilianische Quarktorte

Hälfte der Knetteigmenge nach Grundrezept, Quarkmasse,
siehe Quarktorte, 100 g getrocknete Aprikosen, 100 g Kokosraspel.

Eine vorbereitete Springform in der üblichen Weise mit dem Teig auslegen, dabei einen hohen Rand andrücken. Die Hälfte der Quarkmasse daraufstreichen, mit den vorgeweichten, gut abgetropften Aprikosen belegen und mit Kokosraspeln, nach Wunsch mit geriebenen bitteren Mandeln vermengt, bestreuen. Den restlichen Quark darübergeben und bei Mittelhitze etwa 90 Minuten backen. Möglichst noch warm mit zerlassener Butter bestreichen und mit Staubzucker besieben.

Mailänder Quarktorte

100 g Margarine, 225 g Zucker, 3 Eier, Salz,
375 g Mehl, 3/4 Päckchen Backpulver, Milch, 500 g Quark,
1 Päckchen Puddingpulver Mandelgeschmack, 2 Gläschen Rum
oder Weinbrand, 1 Eßlöffel erhitzte Butter, 50 g Sultaninen, Marmelade.

Margarine, 125 g Zucker, 1 Ei und Salz schaumig rühren und das mit dem Backpulver gesiebte Mehl zugeben. Nur wenig Milch zugießen, damit der Teig ausrollfähig bleibt. Mit etwas mehr als der Hälfte des Teiges eine nicht zu große gefettete Springform auslegen, dabei einen hohen Rand andrücken. Den mit etwas Milch verrührten, durchgestrichenen Quark mit Puddingpulver, Rum, Butter, 1½ Eiern und Sultaninen verarbeiten und diese cremige Masse auf den Teig geben. Den restlichen, rechteckig ausgerollten Teig mit Marmelade bestreichen, zusammenrollen und mit einem jeweils in Mehl getauchten Messer in Scheiben schneiden. Diese Röllchen mit der Schnittfläche nach oben auf dem Quark verteilen. Zunächst etwa 45 Minuten bei Mittelhitze backen, mit dem verquirlten Eirest bestreichen und weitere 15 Minuten backen. Nach Wunsch mit Staubzucker besieben.

Kirmestorte

Hälfte der Knetteigmenge nach Grundrezept, Quarkmasse aus 750 g Quark, siehe Seite 66, 100 g Margarine, 150 g Mehl, 50 g geriebene Mandeln, 75 g Zucker, Salz.

Mit dem Teig eine vorbereitete Springform auslegen, dabei einen hohen Rand andrücken. Die Quarkmasse darauffüllen. Die übrigen Zutaten zu Streuseln verarbeiten und auf den Quark krümeln. Die Torte bei Mittelhitze etwa 75 Minuten backen.

Linzer Torte

350 g Mehl, 350 g Semmel- oder Zwiebackbrösel, 1 Päckchen Backpulver, 350 g Zucker, 300 g Margarine, 300 g geriebene Nüsse oder Mandeln, 3 Eier, 3 Eßlöffel Rum oder Milch, abgeriebene Zitronenschale oder 1 Päckchen Vanillinzucker; Konfitüre.

Alle Zutaten, mit Ausnahme der Konfitüre, rasch zu einem Teig verarbeiten. Etwas mehr als die Hälfte des Teiges in eine große gefettete, ausgestäubte Springform legen. Konfitüre daraufstreichen und den restlichen Teig gitterförmig darauf anordnen. Die Torte bei Mittelhitze etwa 30 Minuten backen, dann möglichst mit verquirltem Ei bestreichen und noch weitere 10 Minuten backen. – Anstelle der Konfitüre läßt sich ein Gemisch aus Ei, Staubzucker, kleingeschnittenen Datteln, Sultaninen oder Korinthen, Nüssen oder Mandeln und Rum verwenden.

Linzer Rolle

Zweidrittel der Teigmenge für Linzer Torte, 85 g Margarine, 175 g Zucker, 30 g bittere Mandeln, 175 g Sultaninen, Zuckerglasur.

Mit dem größeren Teil der Teigmenge eine gefettete, ausgestäubte Rehrücken- oder Kastenform auslegen. Die Margarine erhitzen, dabei den Zucker zugeben und gut verrühren. Vom Feuer nehmen, die geriebenen Mandeln und die vorbereiteten Sultaninen untermischen. Diese Fülle auf den Teig in der Form geben, den restlichen Teig darüberdecken und an den Rändern ein wenig festdrücken. Bei guter Mittelhitze mindestens 45 Minuten backen. Nach dem Erkalten stürzen und der Form des Gebäcks entsprechend glasieren. – Aus Teig und Fülle können auch Törtchen bereitet werden.

Stachelbeertorte

Backpulver-Knetteig nach Grundrezept, 500 g grüne Stachelbeeren, 250 g Zucker, etwa 1/2 Tasse Wasser, 75 g Zitronat, 1 bis 2 Eßlöffel Rum oder Weinbrand, 1 Ei, Butter, Staubzucker.

Mit der Hälfte des ausgerollten Teiges eine vorbereitete Springform auslegen. Die geputzten Stachelbeeren in der siedenden Zuckerlösung mehrmals aufkochen lassen. Nach

dem Erkalten mit dem geraspelten Zitronat, das mit dem Alkohol angefeuchtet wurde, vermengen und auf der Teigplatte verteilen. Den Teigrest entweder als Decke oder gitterförmig auflegen und mit verquirltem Ei bestreichen. Bei guter Mittelhitze etwa 40 Minuten backen, mit zerlassener Butter streichen und mit Staubzucker besieben oder die Torte mit Zuckerglasur überziehen.

Zitronentorte

250 g Margarine, 350 g Zucker, 4 Eier, 2 Zitronen, Salz, 200 g Mehl, ½ Päckchen Backpulver.

Zur schaumig geschlagenen Margarine 200 g Zucker, nach und nach Eier, etwas abgeriebene Zitronenschale und Salz rühren. Mehl und Backpulver darübersieben und den glatten Teig in einer gefetteten Springform 30 bis 40 Minuten bei Mittelhitze backen. Sofort mit einem dünnen Hölzchen Löcher in die Oberfläche stechen und den zuvor gründlich mit dem restlichen Zucker verrührten Zitronensaft darauf verteilen. – Der Zitronensaft kann durch den Saft einer Apfelsine ergänzt werden.

Walnußtorte

3 Eier, 200 g Margarine, 75 g Zucker, Salz, 500 g geriebene Walnüsse, ¼ l Milch, 100 g geriebener Zwieback.

1 Ei und 2 Eigelb, Margarine, Zucker und Salz schaumig rühren, Nüsse, Milch und Zwieback zugeben, zuletzt den steifen Eischnee unterheben. Den Teig in eine gefettete, ausgebröselte Form füllen, bei Mittelhitze mindestens 50 Minuten backen und beliebig garnieren.

Haselnußtorte

4 Eier, 300 g Zucker, Salz, 3 Gläschen Rum oder Weinbrand, 50 g Mehl, ½ Päckchen Backpulver, 50 g geriebener Zwieback, 200 g geriebene Haselnüsse, Schokoladen-Fettglasur oder halbe Menge Lukullusmasse, siehe Seite 133.

Eigelb, Zucker, Salz und Alkohol schaumig rühren, dabei nach und nach das mit dem Backpulver gesiebte Mehl, den Zwieback und die Haselnüsse zugeben. Unter den gründlich geschlagenen Teig den steifen Eischnee heben. In einer gefetteten, ausgestäubten Springform bei Mittelhitze etwa 45 Minuten backen. Nach dem Erkalten quer durchschneiden. Mit Schokoladen-Fettglasur oder Lukullusmasse füllen und überziehen. Nach deren Festwerden kann die Torte mit dünnen Linien weißer Zuckerglasur gitterartig bespritzt werden. Mit Haselnüssen (ohne braune Häutchen) garnieren. – Anstelle von Haselnüssen lassen sich auch andere Nüsse oder Kokosraspel verwenden.

Nußcremetorte

150 g Staubzucker, 5 Eier, Salz, 1 Päckchen Vanillinzucker, 150 g Mehl, knapp 1/2 Päckchen Backpulver; 125 g Butter oder Feinmargarine, 125 g Zucker, 1 Eigelb, 3 bis 5 Eßlöffel Milch, 125 g geriebene Nüsse.

Staubzucker, Eigelb und Gewürz recht schaumig schlagen, das mit dem Backpulver gesiebte Mehl zugeben und zuletzt den steifen Eischnee unterheben. In einer nicht zu großen gefetteten Springform bei mäßiger Mittelhitze etwa 45 Minuten backen. Butter, Zucker, Eigelb und Milch glattrühren, die geriebenen Nüsse zugeben und nach Wunsch mit ein paar Tropfen Zitronensaft abschmecken. Diese Creme mit weiter Tülle auf die erkaltete Torte spritzen.

Tomaten-Käsetorte

Hälfte der Knetteigmenge nach Grundrezept, jedoch nicht süß, sondern mit Salz, Paprika oder Pfeffer, auch etwas Muskat und Suppenwürze recht pikant abgeschmeckt; 500 g Quark, mit Milch, 2 Eßlöffel Stärkemehl, Salz, 2 Eßlöffel leicht gebräunter Feinmargarine, Kümmel und Paprika geschmeidig gerührt; schnittfeste Tomaten, Schnittkäse, 2 Eier, 1/8 l saure Sahne.

Mit dem Knetteig eine gefettete Springform auslegen, dabei einen hohen Rand andrücken. Die Quarkmasse darauf breitstreichen, Tomatenscheiben auflegen, Salz, nach Wunsch auch gehackte Kräuter darüberstreuen und mit Käsescheiben bedecken. Eier und saure Sahne verquirlt darübergießen und bei guter Mittelhitze mindestens 50 Minuten backen. Gegebenenfalls vor zu starker Oberhitze schützen. Möglichst mit frischen Kräutern garnieren.

Pikante Torte

Hälfte der Knetteigmenge nach Grundrezept, jedoch nicht süß, sondern mit Salz, Paprika oder Pfeffer und etwas Suppenwürze abgeschmeckt; 2 bis 3 Eier, 1 Dose Paprikamark, 250 g gekochtes Rauchfleisch, 1/8 l saure Sahne, 2 Eßlöffel Stärkemehl, Salz, Kümmel, 1 geriebene Zwiebel.

Mit dem herzhaften Knetteig eine gefettete Springform auslegen, dabei einen Rand andrücken. Eier und Paprikamark verrühren, das kleinwürfelig geschnittene Rauchfleisch und die mit dem Stärkemehl verrührte saure Sahne zugeben. Mit den Gewürzen kräftig abschmecken und auf dem Teigboden verteilen. Bei Mittelhitze backen. – Anstelle von Rauchfleisch kann Wurst oder Schinken verwendet werden.

Weiteres Gebäck aus Backpulverteig ist im Kapitel „Blechkuchen“, Seite 58, zu finden.

Die Biskuitmasse

Gebäck, das besonders zart und bekömmlich sein soll, wird gern aus Biskuitmasse bereitet. Die echte Biskuitmasse ist völlig fettfrei – das macht sie so leicht und sogar für die Krankenkost geeignet.

Grundrezept I

150 g Staubzucker, 6 Eier, 1/2 Teelöffel abgeriebene Zitronenschale, Salz, 100 g Weizenmehl, 50 g Stärkemehl, 1 Teelöffel Backpulver.

Den gesiebten Staubzucker unter allmählicher Zugabe von Eigelb, Zitronenschale und Salz mit dem Schneebesen so lange schlagen, bis sich die Masse fast verdoppelt hat. Den steifen Eischnee daraufgeben, sofort Mehl und Backpulver darübersieben und alles locker untereinanderheben.

Grundrezept II

3 Eier, 3 Eßlöffel Wasser, 125 g Zucker, 1 Päckchen Vanillinzucker, Salz, 75 g Weizenmehl, 75 g Stärkemehl, 1 Teelöffel Backpulver.

Die Eigelb unter allmählicher Zugabe des heißen Wassers recht schaumig schlagen, dabei 100 g Zucker, Vanillinzucker und Salz zugeben. Unter den steifen Eischnee den restlichen Zucker ziehen. Den völlig schnittfesten Eischnee auf die Eigelbmasse geben,

das mit dem Backpulver vermischte Mehl darübersieben und alles mit dem Schneebesen locker untereinanderheben.

Grundrezept III

1 Ei, 200 g Zucker, 1 Päckchen Vanillinzucker, Salz, 375 g Mehl, $^1/_4$ l heißes Wasser, 1 Päckchen Backpulver.

Ei, Zucker und 2 Eßlöffel kaltes Wasser recht schaumig schlagen, dabei Vanillinzucker und Salz zugeben. Abwechselnd das gesiebte Mehl und heißes Wasser unterrühren, mit dem letzten Mehl auch das Backpulver sieben.

Dran gedacht – gut gelungen: Die Biskuitmasse verträgt kein Stehen, sie muß flott hintereinander bereitet und auch gebacken werden. Ein elektrisches Küchengerät vereinfacht die Herstellung. Dann wird allerdings erst das Mehl unter die Eigelbmasse gerührt und danach der steife Eischnee untergehoben. Es ist ratsam, den Boden der Backform nicht nur zu fetten, sondern ihn außerdem mit einem entsprechend zugeschnittenen, gefetteten Papier zu belegen. Das Backwerk muß in der Form gut auskühlen. Dann wird es mit scharfem Messer vom Rand gelöst, gestürzt und das Papier abgezogen, so daß das Gebäck noch alle vorhandene Feuchtigkeit abgeben kann. Nur bei der Bereitung einer Biskuitrolle ist die Handhabung ein wenig anders.

Biskuitplätzchen

Biskuitmasse II, abgezogene Mandeln.

Die Biskuitmasse in einen Spritzbeutel mit großer Tülle füllen und nicht zu dicht auf ein gefettetes, bemehltes Blech spritzen. In die Mitte jedes Plätzchens eine abgezogene Mandel legen. Bei nicht zu starker Mittelhitze 12 bis 15 Minuten goldgelb backen.

Anisplätzchen

Biskuitmasse II, 1 Teelöffel Anis- oder Ingwerpulver.

Bei der Teigbereitung das Anispulver unter das Mehl mischen. In nicht zu dichten Abständen Häufchen auf ein gefettetes, bemehltes Blech setzen oder spritzen und bei Mittelhitze goldgelb backen. – Anstelle der Gewürze kann auch Kakao verwendet werden, nach Wunsch ebenfalls mit Mandelhälften verzieren. Jeweils zwei dieser Plätzchen können mit Mokkaglasur oder -creme zusammengesetzt werden.

Mandelbiskuitplätzchen

150 g Zucker, Salz, 1 Eßlöffel Wasser, 3 Eier, 100 g geriebene Mandeln, darunter 5 Stück bittere, 150 g Mehl, Zuckerglasur.

Zucker, Salz, Wasser und Eier recht schaumig schlagen, die Mandeln zugeben, das darübergesiebte Mehl unterarbeiten. Jeweils zwei Plätzchen dicht nebeneinander auf ein gefettetes, bemehltes Blech setzen und bei nicht zu starker Mittelhitze backen. Mit Zuckerglasur oder Konfitüre jeweils zwei Doppelplätzchen zusammensetzen.

Biskuitzwieback

Biskuitmasse I.

Die Biskuitmasse in eine vorbereitete Kastenform füllen und bei Mittelhitze etwa 30 Minuten goldgelb backen. Abgekühlt stürzen und völlig erkalten lassen. Den Kuchen in gleichmäßige Scheiben schneiden und auf ungefettetem Blech auf beiden Seiten goldbraun rösten. Die Zwiebäcke nach Belieben mit Zuckerglasur überziehen.

Biskuitkuchen

Biskuitmasse nach Grundrezept, etwa 100 g Korinthen, Schokoladen-Fettglasur, gehackte Nüsse.

Die Biskuitmasse rasch mit den gewaschenen, trocken getupften Korinthen verarbeiten, $1\frac{1}{2}$ cm stark auf ein mit gefettetem Papier belegtes Blech streichen und bei Mittelhitze etwa 25 Minuten backen. Nach leichter Abkühlung stürzen, das Papier entfernen, die Oberfläche des Kuchens mit Schokoladen-Fettglasur überziehen und mit Nußsplittern bestreuen. – Anstelle von Schokoladenglasur läßt sich auch erhitztes Gelee verwenden. Werden jeweils zwei Stücke mit Schokoladenglasur oder Gelee zusammengesetzt, dann die Oberfläche des Kuchens weiß glasieren.

Biskuitrolle

Biskuitmasse I, 1/2 Glas Konfitüre, Staubzucker.

Die Biskuitmasse etwa 1 cm stark auf ein mit gefettetem Papier belegtes Blech streichen und bei Mittelhitze knapp 15 Minuten backen. Sofort auf ein mit einem Tuch belegtes Backbrett stürzen (für Ungeübte ist es günstig, wenn das Tuch zuvor mit Zucker bestreut wurde) und das Papier von der Biskuitplatte abziehen. Mit Konfitüre, nach Wunsch mit Weinbrand oder Rum und Mandelsplittern verrührt, bestreichen und vorsichtig, aber ohne Verzögerung aufrollen. Die Biskuitrolle mit Staubzucker besieben. – Wird die Rolle bald aufgebraucht, läßt sich die Konfitüre mit ein oder zwei zerdrückten Bananen vermengen.

Biskuitring

200 g Zucker, 6 Eier, 1 Päckchen Vanillinzucker, Salz,
125 g Weizenmehl, 100 g Stärkemehl, 80 g Margarine,
Zuckerglasur.

Zucker, Eigelb und Vanillinzucker so lange schlagen, bis die Masse dickschaumig geworden ist. Die gesalzenen, steif geschlagenen Eiweiß zugeben und das Mehl darübersieben. Beim Untereinanderheben des Teiges die flüssige, aber nicht mehr heiße Margarine zufügen. Die Masse in einer gefetteten, ausgestäubten Ringform bei Mittelhitze etwa 40 Minuten backen. Nach dem völligen Erkalten stürzen und mit Zuckerglasur überziehen. – Dem Teig kann ein halber Teelöffel Backpulver zugesetzt werden. In die Mitte eines unglasierten Ringes läßt sich eine leichte Creme, siehe Seite 135, mit Früchten vermischt, füllen.

Rehrücken

Dreiviertel der Biskuitmasse I, 30 g Kakao,
Schokoladen-Fettglasur, Mandelstifte.

Bei der Bereitung der Biskuitmasse mit dem Mehl den Kakao sieben. Die Masse in eine vorbereitete Rehrückenform füllen und etwa 40 Minuten bei Mittelhitze backen. Mit Schokoladen-Fettglasur überziehen und – wie einen gespickten Rehrücken – mit Mandelstiften bestecken.

Englische Biskuits

65 g Margarine, 100 g Zucker, 1 Päckchen Vanillinzucker,
Salz, 4 Eier, 250 g Mehl, 125 g Stärkemehl,
knapp 1 Päckchen Backpulver, Schokoladenglasur.

Zur sahnig geschlagenen Margarine allmählich Zucker, Gewürz, Eier und das zweimal mit dem Backpulver gesiebte Mehl rühren. Den Teig etwa 5 mm stark ausrollen, beliebig ausstechen, auf gefettetem Blech etwa 12 Minuten backen und sofort glasieren.

Emilienkuchen

*150 g Zucker, 6 Eier, Salz, abgeriebene Zitronenschale,
150 g Mehl, 1 Teelöffel Backpulver, 4 Eßlöffel Dessertwein oder Likör,
1 Apfelsine oder Zitrone, 100 g Staubzucker, 50 g Butter.*

Zucker, Eier, Salz und abgeriebene Zitronenschale recht schaumig schlagen, die Masse soll sich nahezu verdoppelt haben. Das zweimal mit dem Backpulver gesiebte Mehl zugeben, den Teig in eine gefettete, ausgestäubte Springform füllen und etwa 20 Minuten bei Mittelhitze backen. Mit dünnem Stäbchen in dichten Abständen Löcher einstechen. Dessertwein, Apfelsinensaft und Staubzucker verrühren und auf dem Kuchen verteilen, nochmals für 5 Minuten in die Röhre schieben. Die Butter flöckchenweise obenaufsetzen und bei Mittelhitze weitere 10 Minuten backen.

Biskuitschnitten

*Biskuitmasse I oder II, 50 g Schokoladenwürfelchen,
Schokoladen-Fettglasur, einige Nüsse zum Garnieren.*

Unter die Biskuitmasse die kleinen Schokoladenwürfel mengen und die Masse auf ein mit gefettetem Papier belegtes Blech streichen. Bei Mittelhitze hellgelb backen. Den Kuchen vom Papier lösen und sofort mit Schokoladen-Fettglasur überziehen. Schmale Streifen schneiden und mit Nüssen oder bestreuten Schokoladenplätzchen garnieren.

Fruchtschnitten

*Biskuitmasse nach Grundrezept, Frucht-Buttercreme, siehe
Seite 136, Früchte zum Belegen.*

Die Biskuitmasse auf einem mit gefettetem Papier belegten Blech breitstreichen und bei Mittelhitze etwa 30 Minuten goldgelb backen. Sofort stürzen und das Papier abziehen. Die erkaltete Biskuitplatte in Rechtecke schneiden. Jeweils zwei Stücke mit Frucht-Buttercreme zusammensetzen und mit Creme und Früchten garnieren. – Anstelle von Creme läßt sich Konfitüre verwenden. Die Schnitten mit Zuckerglasur bestreichen.

Eiche

Biskuitmasse nach Grundrezept, Schokoladencreme, siehe Seite 138.

Die Biskuitmasse in einer vorbereiteten, halbrunden Form (wie Kastenform, aber mit muldenförmigem Boden) backen. Nach dem völligen Erkalten zweimal durchschneiden und mit Schokoladencreme füllen. Die gewölbte Oberfläche ebenfalls mit Creme überziehen und mit der Gabel Längsstreifen durchziehen. – Ein mit heller Creme bestrichener „Eichenstamm“ kann auch mit Längsstreifen aus Schokoladencreme bespritzt werden. dann einen kleinen Teil helle Creme mit Speisefarbe oder mit Spinatsaft grün färben und als Blattansätze aufspritzen.

Biskuit-Obsttorte

Biskuitmasse nach Grundrezept, frisches Obst (Weinbeeren, Erdbeeren, Himbeeren) oder gut abgetropfte gedünstete Früchte, $^3/_8$ l Fruchtsaft oder Weißwein, Zucker nach Geschmack, 15 g Gelatine, Mandelsplitter.

Die Biskuitmasse in einer gefetteten, ausgestäubten Springform bei Mittelhitze goldgelb backen. Nach dem Erkalten die Oberfläche gerade schneiden und mit Früchten belegen. Den Springformrand wieder um die Torte legen. In dem gesüßten Fruchtsaft die in wenig kaltem Wasser vorgeweichte Gelatine auflösen oder hellen Tortenguß verwenden. Bei Beginn des Gelierens auf dem Obst verteilen. Kalt gestellt völlig erstarren lassen und den Rand mit Mandelsplittern bestreuen oder mit Creme bespritzen.

Paradiestorte

Biskuitmasse I oder II, 1 Packung Feinfrost-Erd- oder Himbeeren, $^1/_4$ l Schlagcreme-Emulsion oder Schlagsahne, 2 Päckchen Tortenguß rot, Staubzucker, Schokoladenstreusel.

Die Biskuitmasse in einer mit gefettetem Papier ausgelegten Springform backen. Nach kurzer Abkühlung stürzen, das Papier entfernen und nach völligem Erkalten die Torte einmal quer durchschneiden, mit Fülle zusammensetzen, dick mit Staubzucker besieben und mit Schokoladenstreuseln bestreuen. Für die Fülle die aufgetauten Erdbeeren abtropfen lassen, große halbieren und unter die steife Schlagcreme oder -sahne ziehen. In $^1/_4$ l Obstsaft den Tortenguß nach Vorschrift auflösen. Nach dem Erkalten unter die Fruchtcreme ziehen und nach Wunsch mit Staubzucker süßen.

Pralinentorte

Biskuitmasse nach Grundrezept, Buttercreme, siehe Seite 136, 125 g Zucker, 40 g Kakao, 1 Ei, 200 g Pflanzenfett, 100 g Mandeln oder Nüsse, 20 g Butter, Pralinen.

Die Biskuitmasse in einer mit gefettetem Papier ausgelegten Springform bei Mittelhitze etwa 40 Minuten backen. Abgekühlt stürzen und das Papier entfernen. Nach dem völligen Erkalten ein- oder zweimal quer durchschneiden und mit zwei Drittel der Creme füllen. 75 g Zucker und den Kakao mischen, Ei und tropfenweise auch das erhitzte, sich abkühlende Pflanzenfett unterrühren. Die Oberfläche der Torte damit überziehen, den Tortenrand dünn mit Creme bestreichen. Die gehackten Mandeln in der heißen Butter rösten, dabei mit dem restlichen Zucker bestreuen. Nach dem Abkühlen an den Tortenrand drücken. Die dunkle Tortenoberfläche mit einer Gabel gitterartig mustern, am Rand mit heller Creme betupfen und jeweils eine Praline auflegen. – Die Torte kann auch nur mit heller Creme gefüllt und mit Schokoladenmasse überzogen werden. Helle Creme läßt sich mit kurz vorm Gelieren stehendem rotem Tortenguß färben und zugleich schnittfester machen.

Der Hefeteig

Der Hefeteig ist der urwüchsigste von allen Teigen. Das Triebmittel Hefe sorgt für einen angenehm kräftigen Geschmack und damit für die Beliebtheit dieser Gebäckart.

Grundrezept I für Knetteig

500 g Mehl, 100 g Zucker, 80 g Margarine, Salz, 1 Päckchen Vanillinzucker oder abgeriebene Zitronenschale oder 3 bittere Mandeln, knapp 1/4 l Milch, 30 g Hefe.

Grundrezept II für Knetteig

500 g Mehl, 150 g Zucker, 200 g Margarine, Salz, 1 Päckchen Vanillinzucker oder abgeriebene Zitronenschale oder 3 bittere Mandeln, reichlich 1/8 l Milch, 30 g Hefe, 1 Ei.

Den Teig jeweils nach Zubereitung I, II oder III herstellen.

I. Das gesiebte Mehl mit den übrigen zimmerwarmen Zutaten (die zerbröckelte Hefe in der handwarmen Milch verrührt) zu einem glatten Teig verarbeiten. An einem warmen, jedoch nicht heißen Platz etwa 90 Minuten gehen lassen. Den Teig zusammenstoßen und nochmals kurz kneten. Nach Vorschrift verarbeiten.

II. Das Mehl in eine Schüssel sieben, eine Vertiefung eindrücken und auf dem Mehlrand Zucker, Margarineflöckchen und Gewürz verteilen. Die zerbröckelte Hefe, einen Teelöffel Zucker und die Hälfte der handwarmen Milch verrühren, in die Vertiefung gießen und von da aus mit etwa einem Drittel des Mehles verarbeiten, so daß ein kleiner fester Teig entsteht. Wenig Mehl darüberstäuben und die mit einem Tuch bedeckte Teigschüssel an einen warmen Platz stellen. Nach etwa 20 Minuten das aufgegangene Hefestück mit allen übrigen Zutaten verkneten. Nochmals 60 Minuten gehen lassen. Vor der Weiterverarbeitung den Teig zusammenstoßen und kurz kneten.

III. Eine besonders während der kühlen Jahreszeit empfehlenswerte Methode: Auf dem gesiebten Mehl Zucker, Margarineflöckchen und Gewürz verteilen. Die zerbröckelte Hefe in der kalten Milch verrühren und unter die übrigen Zutaten kneten. Den glatten, geschmeidigen Teig zur Kugel formen, in eine mit Mehl ausgestäubte Schüssel legen, ein wenig Mehl darüberstreuen und 8 bis 10 Stunden (am besten über Nacht) zugedeckt und nicht warm gestellt gehen lassen. Zusammenstoßen und nochmals kurz kneten.

Grundrezept für Rührteig

500 g Mehl, 30 g Hefe, 1/4 l Milch, 200 g Margarine,
150 g Zucker, Salz, 1 Päckchen Vanillinzucker
oder abgeriebene Zitronenschale oder 3 bittere Mandeln,
2 bis 3 Eier oder 4 bis 6 Eigelb.

In das gesiebte Mehl eine Vertiefung drücken. Die zerbröckelte Hefe in der Hälfte der lauwarmen Milch verrühren und von der Mitte her mit so viel Mehl verarbeiten, daß ein kleiner fester Teig entsteht. Wenig Mehl darüberstäuben und zugedeckt an warmem Platz gehen lassen. Inzwischen die Margarine schaumig schlagen, Zucker, Gewürz und nach und nach auch die Eier unterrühren. Das aufgegangene Hefestück, Mehl und die restliche Milch unterarbeiten. Den gründlich geschlagenen Teig nochmals an warmer Stelle etwa 60 Minuten gehen lassen. Wieder kurz schlagen und nach Vorschrift verarbeiten. Werden nur Eigelb verwendet, wird der Teig besonders zart.

Dran gedacht – gut gelungen: Hefe ist ein natürliches gesundes Triebmittel, das dem Gebäck lockere Beschaffenheit und kräftigen Geschmack gibt. Wie zu erkennen ist, ob die Hefe tatsächlich frisch ist, wird auf Seite 150 gesagt. Hefe darf nicht mit heißer Flüssigkeit in Berührung kommen. In Verbindung mit Zucker beginnt sie leichter zu treiben. Auch vom gründlichen Durcharbeiten des Teiges hängt das gute Gelingen weitgehend ab. Eine elektrische Küchenmaschine mit Knetarm kann sich dabei als sehr nützlich erweisen. Wird mit der Hand geknetet, so ist der Teig lange genug durchgearbeitet, wenn er sich von Schüssel und Hand löst. Weder der Teig noch das heiße Gebäck vertragen Zugluft, weshalb sie davor mit einem Tuch zu schützen sind. Hefeteig kann immer erst dann verarbeitet werden, wenn er gut aufgegangen ist, d. h. wenn sich ein leichter Fingereindruck rasch glättet. Geformter Hefeteig (Kränze, Zöpfe, Stollen) kommt nach 5 Minuten Gehzeit in den heißen Ofen, denn durch weiteres Gehen kann leicht eine Veränderung der Gebäckform eintreten. Hefeteig, in der Form oder zu Blechkuchen verarbeitet, soll vor dem Backen noch einmal 15 bis 20 Minuten gehen. Das kann in der kurz aufgeheizten, aber wieder ausgeschalteten Herdröhre geschehen, wo der Teig zugleich vor Zugluft geschützt wird. Ein gehaltvolles Hefegebäck hält sich lange Zeit frisch. Backwerk aus einfachem Hefeteig kann, mit Wasser bestrichen, in wenigen Minuten nochmals aufgebacken werden.

Milchbrötchen

Knetteig I, Zuckerwasser.

Den gut gegangenen Hefeteig in apfelgroßen Kugeln auf ein gefettetes Blech setzen. Nach etwa 10 Minuten Gehzeit mit Zuckerwasser bestreichen und bei guter Mittelhitze goldbraun backen.

Hörnchen

Knetteig I oder II, Ei, Milch.

Den Hefeteig etwa 5 mm stark ausrollen, in gleichmäßig große Dreiecke schneiden und jeweils von der Breitseite her aufrollen. In Hörnchenform auf ein gefettetes Backblech legen, mit Eiermilch bestreichen und bei Mittelhitze goldbraun backen. – Die Hörnchen können vor dem Backen mit ungemahlenem Mohn bestreut oder vor dem Aufrollen mit Marmelade gefüllt werden.

Marienzöpfchen

Knetteig II, 125 g Sultaninen, Ei, Milch, zerlassene Butter, Staubzucker.

Unter den gut gegangenen Hefeteig die gehackten Sultaninen kneten und den Teig in gleichmäßige Röllchen teilen. Jeweils drei zu einem Zöpfchen flechten, auf ein gefettetes Backblech legen und mit Eiermilch bestreichen. Bei Mittelhitze goldbraun backen und möglichst mit zerlassener Butter bestreichen und mit Staubzucker besieben.

Schleißküchel

Knetteig I oder II, 100 g Korinthen, zerlassener Honig, Zuckerglasur.

Unter den Hefeteig die vorbereiteten Korinthen kneten und den Teig rechteckig ausrollen. Die Teigplatte mit zerlassenem Honig oder Zuckerwasser bestreichen, aufrollen und etwa 5 cm breite Stücke davon abschneiden. Jeweils mit einem Quirlstiel eine Rille eindrücken, so daß sich die seitlichen Schnittflächen ein wenig nach oben öffnen. Nach kurzem Gehen auf gefettetem Blech bei guter Mittelhitze goldbraun backen und sofort mit einer dünnen Zuckerglasur überziehen.

Nußschnecken

Dreiviertel der Knetteigmenge II, 125 g geriebene Nüsse oder Kokosraspel, 6 bis 8 Eßlöffel Milch, Zuckerglasur.

Unter den gegangenen Hefeteig Nüsse und lauwarme Milch kneten. Aus dem Teig gleichmäßige Röllchen von etwa 15 cm Länge formen und schneckenartig auf ein gefettetes Backblech setzen. Nach kurzem Gehen bei Mittelhitze goldbraun backen. Noch warm mit einer nicht zu dick gehaltenen Zuckerglasur überziehen. – Der Teig kann auch zu Rollen geformt und nach dem Backen zweifarbig glasiert werden.

Kartoffelkipfel

Knetteig I oder II, 200 g gekochte Kartoffeln vom Vortage, 5 bittere Mandeln, Marmelade, Ei, Milch.

Unter den gegangenen Hefeteig die geriebenen Kartoffeln und Mandeln kneten und den Teig zu einer rechteckigen Platte von 5 mm ausrollen. Auf die Hälfte des Teiges in Abständen von 4 cm etwa 10 cm lange Marmeladestreifen spritzen, die freie Teigplatte darüberklappen und den Erhebungen entsprechend Rechtecke ausschneiden oder -rädeln. Die Ränder jedes Gebäckstückes mit einer Gabel festdrücken. Auf ein gefettetes Backblech legen und über der Marmelade den Teig kreuzweise mit der Schere einschneiden. Vorsichtig mit Eiermilch bestreichen und bei Mittelhitze goldbraun backen.

Nickelchen

Knetteig nach Grundrezept, 200 g Pumpernickel oder Pfefferkuchen, 150 g Sirup, 2 bis 3 Eßlöffel Korinthen.

Den gegangenen Hefeteig ausrollen und in Streifen von 8×15 cm Größe schneiden. Pumpernickel oder Pfefferkuchen, gerieben, mit Sirup und vorbereiteten Korinthen vermengen und diese Fülle auf die Streifen verteilen. Längs aufrollen und auf gefettetem Blech nach kurzem Gehen goldbraun backen. – Die Teigstreifen können auch quer aufgerollt und auf einer Schnittseite stehend gebacken werden.

Schokoladentaschen

Knetteig II, Schokoladen-Fettglasur, 6 Eßlöffel geriebener Zwieback, 2 Äpfel, Ei, Milch.

Den gegangenen Hefeteig rechteckig ausrollen und diese Teigplatte in etwa 6×6 cm große Quadrate teilen. Schokoladen-Fettglasur, Zwiebackbrösel und kleingeschnittene Äpfel untereinandermengen. Diese Masse auf den Teigstücken verteilen, die Ränder jeweils mit Eiermilch bestreichen und jedes Teigstück zu einer Tasche zusammenklappen. Nach kurzem Gehen auf gefettetem Blech mit Eiermilch bepinseln und backen.

Kolatschen

400 g Mehl, 150 g Margarine, 25 g Hefe, 75 g Zucker, 4 Eßlöffel Milch, 2 Eier, Salz, abgeriebene Zitronenschale oder geriebene bittere Mandeln, Pflaumenmus.

Auf dem Rand des gesiebten Mehles die Margarine verteilen. Die zerbröckelte Hefe, 2 Teelöffel Zucker und die lauwarme Milch gut verrühren, mit Mehl, Margarine, Zucker,

Eiern und Gewürz zu einem glatten Teig verarbeiten. Den gut gegangenen Teig zusammenstoßen, knapp 1 cm stark ausrollen und davon kleine runde Kuchen ausstechen. Jeweils ringsum als Rand ein Teigröllchen legen und möglichst mit verquirltem Ei bestreichen. Auf gefettetem Blech mit Pflaumenmus füllen und, wenn möglich, mit Mandelstiften bestreuen. Nochmals kurz gehen lassen und bei nicht zu starker Mittelhitze etwa 20 Minuten backen.

Osterbrot

750 g Mehl, 40 g Hefe, 1/4 l Milch, 250 g Margarine,
70 g Zucker, Salz, 70 g gehackte Mandeln, darunter
4 Stück bittere, abgeriebene Zitronenschale, 3 Eier.

Aus allen Zutaten (ein halbes Ei zurücklassen) in der üblichen Weise einen Hefeteig bereiten. Nach dem Gehen zusammenstoßen, zwei Drittel davon zu einem länglichen Brot formen und mit dem verquirlten Eirest bestreichen. Den übrigen Teig entweder ausrollen, österliche Formen davon ausstechen und auf das Brot legen oder lange Röllchen aus dem Teig formen und, gedreht oder geflochten, auf dem Brot anordnen. Ein zum Kranz geformter Teig kann auch nur mit der Schere kreuzweise eingeschnitten und mit verquirltem Ei oder Zuckerwasser bestrichen werden. Bei Mittelhitze 50 bis 60 Minuten backen. Korinthen oder Sultaninen verfeinern den Teig. In einem Kranz können am Ostermorgen die bunten und verzierten Eier fürs Frühstück liegen.

Osterhäschen

Hälfte der für Osterbrot angegebenen Hefeteigmenge,
Ei, Milch, Korinthen.

Den gut gegangenen Hefeteig zusammenstoßen. Kugeln von 6 bis 8 cm Durchmesser und dicke Röllchen von etwa 4 cm Länge in gleicher Anzahl formen. Die Röllchen längs zwei Drittel einschneiden, als Kopf mit Ohren auf die Teigkugeln setzen. Nase, Ohren und Rücken der Häschen mit verquirltem Ei bestreichen, zwei Korinthenaugen und ein rundes Teigschwänzchen anbringen, nach Wunsch auch ein hufeisenförmig gebogenes Teigstück als Vorderpfötchen. Nicht zu dicht nebeneinander auf ein gefettetes Blech setzen und bei Mittelhitze 20 bis 25 Minuten goldbraun backen. – Die Osterhäschen können nach Wunsch mit Zuckerglasur überzogen werden.

Kartoffelhefezopf

750 g Mehl, 500 g gekochte Kartoffeln vom Vortage,
100 g Margarine oder Fett, 125 g Zucker, 1/4 l Milch,
40 g Hefe, 250 g Sultaninen oder Korinthen, Salz.

Das gesiebte Mehl, die geriebenen Kartoffeln und die übrigen Zutaten in der üblichen Weise zu einem lockeren Teig verkneten. Warm gestellt gehen lassen, zusammenstoßen und in drei gleich lange Stücke teilen. Zu einem Zopf verflechten und auf gefettetem Blech mit Zuckerwasser oder verquirltem Ei bestreichen. Bei Mittelhitze etwa 50 Minuten goldgelb backen.

Hefe-Aschkuchen

Rührteig nach Grundrezept, 150 g Sultaninen oder Korinthen, auch beides gemischt, 50 g gehackte Mandeln, darunter 5 Stück bittere, 30 g geraspeltes Zitronat, Butter, Staubzucker.

Unter den gut gegangenen Hefe-Rührteig Sultaninen, Mandeln und Zitronat arbeiten. Den Teig in eine gefettete, ausgestäubte Aschkuchenform füllen, nochmals 20 Minuten gehen lassen und bei Mittelhitze etwa 60 Minuten backen. Nach Abkühlung stürzen, buttern und dick mit Staubzucker besieben. – Anstelle von Trockenfrüchten können dem Teig gedünstete, abgetropfte Kirschen zugegeben werden.

Bäbe

750 g Mehl, 300 g Margarine, Salz, 175 g Zucker, 125 g süße Mandeln, 30 g bittere Mandeln, abgeriebene Zitronenschale, 45 g Hefe, reichlich 1/8 l saure Milch oder Sahne.

Das gesiebte Mehl mit allen übrigen Zutaten – die zerbröckelte Hefe in der lauwarmen Flüssigkeit aufgelöst – zu einem geschmeidigen Teig verarbeiten und gehen lassen. Nochmals kurz durcharbeiten, in eine gefettete, ausgestäubte Aschkuchenform füllen und bei Mittelhitze goldbraun backen. Nach Wunsch mit Butter bestreichen und mit klarem Zucker bestreuen.

Quarkstriezel

500 g Mehl, 30 g Hefe, 5 Eßlöffel Milch, 100 g Margarine, 175 g Zucker, Salz, 1 Päckchen Vanillinzucker, 2 Eier, 200 g Quark, 2 Eßlöffel Rum, Butter, Staubzucker.

In das gesiebte Mehl eine Vertiefung drücken und darin die in der handwarmen Milch verrührte Hefe mit etwas Mehl zu einem mittelfesten Vorteig verarbeiten. Zugedeckt gehen lassen. Inzwischen unter die schaumig geschlagene Margarine Zucker, Gewürz, Eier, Quark und Rum rühren. Das aufgegangene Hefestück und das Mehl allmählich zugeben und zu einem glatten Teig verkneten. Brotähnlich geformt auf ein gefettetes Blech legen, mit der Schere kreuzweise einschneiden und bei kräftiger Mittelhitze goldbraun backen. Sofort mit zerlassener Butter bestreichen und mit Staubzucker besieben. – Anstelle von Vanillinzucker oder zusätzlich können geriebene bittere Mandeln zum Teig gegeben werden.

Savarin

Rührteig nach Grundrezept, 1/4 l leicht gesüßter Rotwein oder mit Weinbrand versetzter Fruchtsaft, Aprikosenmarmelade, gehackte Mandeln.

Den gegangenen Hefeteig in eine gefettete, ausgestäubte Ringform füllen, nochmals 20 Minuten gehen lassen und bei Mittelhitze etwa 50 Minuten backen. Den warmen Kuchen vorsichtig stürzen, in die Backform den gesüßten Rotwein gießen, den Kuchen in die Form zurückgeben und mehrere Stunden ziehen lassen. Mit erhitzter Aprikosenmarmelade bestreichen und mit Mandelsplittern bestreuen. – Der Teig kann auch in kleinen Ringformen gebacken und danach ebenso wie ein großer Savarin behandelt werden. Die Mitte eines warmen Savarins läßt sich mit abgetropften Kompottfrüchten, auch mit Schlagcreme oder -sahne füllen, so daß das Gebäck als feine Nachspeise aufgetragen werden kann. Zum erkalteten Savarin paßt ebenfalls Schlagsahne, dann ist er das Glanzstück des Kaffeetisches.

Nußrolle

Knetteig nach Grundrezept, 150 g geriebene Nüsse, 150 g Zucker, 1 Päckchen Vanillinzucker, 5 bis 6 Eßlöffel saure Sahne, Zuckerglasur.

Den gegangenen Hefeteig ausrollen, mit der aus Nüssen, Zucker, Vanillinzucker und saurer Sahne bereiteten Fülle bestreichen und die Teigplatte aufrollen. Die Rolle in eine gefettete Ringform legen, 20 Minuten gehen lassen und bei Mittelhitze etwa 45 Minuten backen. Mit Zuckerglasur überziehen.

Teekranz

450 g Mehl, 15 g Hefe, 10 Eßlöffel Milch, Salz, 100 g Zucker, 3 bis 5 geriebene bittere Mandeln, 1 Ei, 50 g Feinmargarine, 100 g süße Mandeln, Nüsse oder Kokosraspel, 1 Teelöffel Zimt.

Aus gesiebtem Mehl, der in der lauwarmen Milch verrührten Hefe, Salz, 50 g Zucker, bitteren Mandeln und Ei einen glatten Teig kneten. Nach dem Gehen zusammenstoßen und auf bemehltem Tuch dünn zu einem langen Rechteck ausrollen. Mit zerlassener Feinmargarine bestreichen und mit dem Gemisch aus gehackten Mandeln, restlichem Zucker und Zimt bestreuen. Die Teigplatte unter Zuhilfenahme des Tuches aufrollen und als Ring auf ein gefettetes Blech legen. Mit recht scharfem Messer, das immer wieder in Mehl getaucht wird, den Teigring in gleichmäßigen Abständen tief einschneiden. Die auf diese Weise angedeuteten, aber nicht durchgeschnittenen Scheiben ein wenig schräg legen. Nur noch kurz gehen lassen und etwa 35 Minuten bei Mittelhitze backen. – Der Teekranz kann kurz vor Beendigung der Backzeit mit Zuckerwasser oder verquirltem Ei bestrichen werden.

Mohnrolle

$^3/_8$ l Wasser oder Milch, Salz, 100 g Zucker,
2 Eßlöffel Puddingpulver Vanille- oder Mandelgeschmack,
200 bis 250 g gemahlener Mohn, etwa 50 g Feinmargarine, 1 Ei,
100 g Sultaninen, anderthalbfache Knetteigmenge nach Grundrezept,
Butter, Staubzucker.

Wasser, Salz und Zucker aufkochen, das in ganz wenig Flüssigkeit angerührte Puddingpulver, den gemahlenen Mohn und die Feinmargarine unter Rühren mehrfach darin aufkochen lassen. Ei und vorbereitete Sultaninen nach leichter Abkühlung unterschlagen und die Mohnmasse auf der rechteckig ausgerollten Teigplatte breitstreichen. Von der Breitseite her aufrollen und entweder auf gefettetem Blech oder in gefetteter Form bei Mittelhitze etwa 50 Minuten backen. Buttern und mit Staubzucker besieben.

Bienenstichrolle

Knetteig nach Grundrezept, 100 g Margarine, 125 g Zucker,
1 Päckchen Vanillinzucker, 125 g Kokosraspel oder Mandeln,
5 bittere Mandeln, 1 bis 2 Eßlöffel Milch, Ei.

Den gegangenen Teig rechteckig ausrollen. Margarine, Zucker und Vanillinzucker stark erhitzen, Kokosraspel, geriebene Mandeln und Milch zugeben. Diese Masse sofort auf der Teigplatte verteilen. Aufgerollt mit verquirltem Ei bestreichen und entweder auf gefettetem Blech oder in gefetteter Form backen. – Die Fülle kann durch Zugabe von Sultaninen und Ei verändert werden.

Marzipanhorn

200 g gekochte geriebene Kartoffeln vom Vortage, 300 g Zucker,
125 g geriebene Mandeln oder Nüsse, darunter 6 Stück bittere Mandeln,
2 Eier, Milch, Knetteig nach Grundrezept.

Kartoffeln und Zucker auf kleiner Flamme rühren, bis die Masse geschmeidig geworden ist, die Mandeln zugeben und bis zum Erkalten weiterrühren, dabei $1^1/_2$ Eier unterarbeiten. Den gegangenen Hefeteig zu einem Dreieck ausrollen und mit der Marzipanmasse bestreichen. Von der Breitseite her aufrollen und auf gefettetem Blech, zum Horn geformt, mit dem in wenig Milch verquirlten Eirest bepinseln. Bei Mittelhitze etwa 45 Minuten backen.

Ringelkuchen

Knetteig nach Grundrezept, 100 g Honig, 50 g Margarine, 1 Ei,
65 g Zitronat, 150 g Korinthen, 100 g Zwiebackbrösel oder geriebene Nüsse,
4 bis 6 bittere Mandeln, Milch.

Den gegangenen Hefeteig dünn ausrollen. Eine Platte in Springformgröße und Teigstreifen von reichlich 3 cm Breite daraus schneiden. Honig und Margarine erhitzen und

nach leichter Abkühlung Ei, geraspeltes Zitronat, Korinthen, Zwiebackbrösel oder Nüsse und die geriebenen Mandeln zugeben. Diese Masse auf die Teigstreifen streuen. Die Teigplatte in der Springform mit Milch bestreichen und die aufgerollten Teigstreifen nicht zu dicht nebeneinander daraufsetzen. Bei Mittelhitze etwa 45 Minuten backen. – Das Gebäck wird besonders fein, wenn es mit zerlassener Butter oder heißem Gelee bestrichen und mit feinem Zucker bestreut wird.

Gefüllter Striezel

Anderthalbfache Knetteigmenge nach Grundrezept, 1/4 l Sahne, 1/4 l Milch, Salz, 1 Päckchen Vanillinzucker, 125 g Zucker, 2 Päckchen Puddingpulver Mandelgeschmack, 75 g Feinmargarine, 2 Eier, 1 Tasse Korinthen.

Den gegangenen Hefeteig rechteckig ausrollen. Aus Sahne, Milch, Gewürz, Zucker und Puddingpulver in der üblichen Weise einen Pudding kochen. Vom Feuer nehmen und flott die Feinmargarine und die Eier unterrühren. Den abgekühlten Pudding, nach Wunsch auch noch mit Rum verfeinert, auf der Teigplatte breitstreichen, die vorbereiteten Korinthen darüberstreuen und den Teig aufrollen. Die Oberfläche der Rolle mit Messer oder Schere einschneiden und bei Mittelhitze goldbraun backen. Nach Wunsch mit Staubzucker besieben.

Kranzkuchen

Doppelte Knetteigmenge nach Grundrezept, 175 g Margarine, 350 g Zucker, 65 g bittere Mandeln, 350 g Sultaninen, Butter, Staubzucker.

Den gegangenen Hefeteig zu einer rechteckigen Platte von knapp 1 cm Stärke ausrollen. In der erhitzten Margarine den Zucker verrühren, vom Feuer nehmen, die geriebenen Mandeln und die vorbereiteten Sultaninen untermengen. Den mit dieser Masse bestrichenen Teig von der Breitseite her aufrollen und kranzförmig oder als Längen auf ein gefettetes Blech legen. Bei Mittelhitze mindestens 60 Minuten backen. Mit Butter oder Feinmargarine streichen und mit Staubzucker besieben oder glasieren.

Stollen

2,5 kg Mehl, 300 g Hefe, etwa 3/4 l Milch, 500 g Zucker, 4 Päckchen Vanillinzucker, die abgeriebene Schale von 1 bis 2 Zitronen, 35 g Salz, 100 bis 200 g Schweinefett, 1 kg Schmelzmargarine, 150 g Zitronat, 80 g bittere Mandeln, 200 g süße Mandeln, 1 bis 1,5 kg Sultaninen, 250 g Korinthen, Rum oder Weinbrand, Butter, Zucker, Staubzucker.

Am Abend vor der Teigbereitung die Zutaten in einen warmen Raum stellen und die vorbereiteten Sultaninen und Korinthen mit Rum anfeuchten. Am nächsten Tag in das gesiebte Mehl eine Vertiefung drücken und darin die mit dem kleinen Teil der handwarmen Milch verrührte Hefe zu einem mittelfesten Vorteig (Hefestück) verarbeiten. Nach dem Aufgehen Zucker, Gewürz, Fett, Margarine, geraspeltes Zitronat und geriebene Mandeln sowie warme Milch nach Bedarf unterwirken, erst dann Sultaninen und Korinthen zugeben. Den gründlich durchgearbeiteten Teig warm, aber nicht zu nahe an den Ofen stellen, damit das Fett nicht austreten kann. Nach mindestens zweistündigem Gehen den Teig zusammenstoßen, nochmals kurz durcharbeiten und in ein oder anderthalb Kilo schwere Stücke aufteilen (zwei Kilo schwere Stollen sind für das Blech des Haushaltherdes nicht geeignet). Die Teigstücke brotähnlich formen und entweder längs jeweils 1 cm tief einschneiden oder mit dem Handrücken bzw. einem Holzstab längs seitlich eine tiefe Furche eindrücken, die den geformten Stollenteig in zwei unterschiedlich breite Längen teilt, und die schmale Länge über die breite schlagen. Den geformten Teig ohne weiteres Gehenlassen bei guter Mittelhitze etwa 60 Minuten backen. Danach buttern und zuckern, am besten in der Reihenfolge: Butter, feiner klarer Zucker, Butter, Staubzucker. Stollen braucht mindestens eine Woche Lagerzeit.

Mandelstollen

Zutaten und Zubereitung siehe vorstehendes Rezept. Die Zuckermenge aber auf 350 g erhöhen. Sultaninen und Korinthen weglassen und dafür insgesamt 500 g süße und 100 g bittere Mandeln verwenden.

Der Wohlgeschmack der Stollen hängt weitgehend von einer sachgemäßen Lagerung ab. Am ratsamsten ist es, jeden Stollen in einen Frischhaltebeutel oder in eine Zellophantüte zu packen und in einen mit frischen Tüchern ausgeschlagenen Behälter (Kiste, Koffer o. ä.) zu legen, der in einem kühlen Raum steht.

Obstkranz

Knetteig nach Grundrezept, etwa 25 g Butter oder Feinmargarine,
125 g Zucker, knapp 1 Teelöffel Zimt, 4 Eßlöffel geröstete Haferflocken
oder gehackte Mandeln, 500 g entkernte Kirschen oder ganz kurz
gedünstete Apfelstücken, Ei, Milch.

Den gegangenen Hefeteig rechteckig ausrollen und mit zerlassener Butter bestreichen. Zucker und Zimt vermischen und ebenso wie die Haferflocken auf der Teigplatte verteilen. Das völlig abgetropfte Obst daraufgeben und die Teigplatte von der Breitseite her aufrollen. Kranzförmig auf ein gefettetes Blech legen und bei Mittelhitze 50 Minuten backen, dann mit verquirltem Ei bestreichen und weitere 10 Minuten backen. – Die belegte Teigplatte kann auch mit einem Teiggitter abgedeckt werden.

Hefe-Obsttorte

Dreiviertel der Knetteigmenge nach Grundrezept, 750 g frisches Obst,
¼ l Milch, 3 bis 5 bittere Mandeln, abgeriebene Zitronenschale, Salz,
50 g Zucker, 40 g Grieß, 2 Eier, ⅛ l saure Sahne, Butter, Staubzucker.

Den gegangenen Hefeteig zusammenstoßen und so in eine große gefettete Form drükken, daß ein hoher Rand entsteht. Das vorbereitete Obst darauf verteilen. Milch, ge-

riebene Mandeln, Gewürz und Zucker aufkochen, den Grieß einstreuen und ausquellen lassen. Nach kurzer Abkühlung die Eigelb und die saure Sahne flott unterrühren, zuletzt den steifen Eischnee unterheben. Diesen Guß über die inzwischen nochmals gegangene Torte geben. Bei Mittelhitze etwa 35 Minuten backen. Noch warm mit zerlassener Butter beträufeln und zuckern.

Backpflaumentorte

375 g Backpflaumen, 1/4 l Apfelwein oder -saft,
100 g Sultaninen oder Korinthen, 300 g Mehl, 20 g Hefe,
4 Eßlöffel Sahne oder Milch, 150 g Margarine, Salz, 50 g Zucker, 1 Ei,
Staubzucker.

Die gewaschenen Backpflaumen möglichst entsteinen und kurz in Apfelwein dünsten. Die vorbereiteten Sultaninen, nach Belieben auch ein wenig Zimt, zufügen. Aus einem kleinen Teil des gesiebten Mehles und der in der lauwarmen Sahne verrührten Hefe ein Hefestück ansetzen. Margarine, Salz, Zucker und Ei schaumig rühren, das gegangene Hefestück und das Mehl unterarbeiten. Mit Dreiviertel des gegangenen Teiges eine gefettete Springform auslegen, die abgetropften Backpflaumen daraufgeben und mit dem streifig ausgerädelten Teigrest die Torte stern- oder gitterförmig belegen. Möglichst mit verquirltem Ei bestreichen und bei Mittelhitze etwa 45 Minuten backen. Mit Staubzucker besieben.

Borsdorfer Quarktorte

Hälfte der Knetteigmenge nach Grundrezept, 50 g Margarine, 175 g Zucker,
2 Eier, 1 Päckchen Vanillinzucker, 500 g Quark, 500 g Äpfel,
2 Eßlöffel Grieß, 3 Eßlöffel Rum oder Weinbrand.

Mit dem gegangenen Hefeteig eine gefettete Springform auslegen, dabei einen hohen Rand andrücken. Margarine, Zucker, Eier und Vanillinzucker recht schaumig schlagen, Quark, geraspelte Äpfel, Grieß und Rum zugeben. Die gründlich verrührte Masse auf dem Teig verteilen und die Torte bei Mittelhitze mindestens 50 Minuten backen. Möglichst mit Butter bestreichen und zuckern.

Bierkrapfen

Ungesüßter Knetteig nach Grundrezept, anstelle von Milch Bier verwenden,
kleine feste Tomaten, 200 g Knackwurst, 100 g geriebener Käse, Ei, Milch.

Den gegangenen Hefeteig in gleich große Stücke teilen. Jede Teigkugel auf dem Handteller breitdrücken, eine Tomatenhälfte, ein Stück Knack- oder Bratwurst und geriebenen Käse daraufgeben. Die Teigkugeln zusammendrehen, auf ein gefettetes Blech setzen, mit verquirltem Ei bestreichen und bei Mittelhitze goldbraun backen. – Bierkrapfen können auch in siedendem Fett schwimmend ausgebacken werden.

Schinkenrollen

Ungesüßter Knetteig nach Grundrezept, mit reichlicher Salz, Paprika und ein wenig Suppenwürze bereitet, Schinkenscheiben, geriebener Käse oder Zwiebelwürfelchen, Ei, Milch.

Den gegangenen herzhaften Hefeteig etwa 5 mm stark ausrollen, in gleichmäßige Quadrate teilen und jedes mit einer Schinkenscheibe belegen. In die Mitte jeweils geriebenen Käse oder Zwiebelwürfelchen streuen, nach Wunsch auch Kümmel. Die Teigplatten aufrollen, auf gefettetem Blech mit verquirltem Ei bestreichen und bei Mittelhitze goldgelb backen. – Anstelle der Schinkenscheiben läßt sich eine Fülle aus Schinken-, Jagdwurst- und Speckwürfelchen, Ei, geriebener Zwiebel und Gewürzen verwenden. Dann die Teigstücke mit dieser Fülle belegen und zu Taschen geformt backen. Solches Gebäck eignet sich gut als Wanderproviant.

Wurstrolle

Ungesüßter Knetteig nach Grundrezept, 2 Eier, 300 g Zwiebel- oder Hausmacher-Leberwurst, 1 Eßlöffel Majoran, 1 Zwiebel, 2 Eßlöffel gehackte Petersilie, etwa 4 Eßlöffel saure Sahne.

Den gegangenen Hefeteig rechteckig ausrollen. Für die Fülle 1½ Eier, Leberwurst, Gewürz, Zwiebelwürfelchen und Petersilie gut verrühren. Die Teigplatte mit saurer Sahne und der Wurstfülle bestreichen und aufrollen. Auf gefettetem Blech mit dem verquirlten Eirest bepinseln und bei Mittelhitze goldgelb backen. Noch warm mit einer Tomaten-, Pilz- oder Kräutertunke auftragen.

Pirogg

Ungesüßter Knetteig nach Grundrezept, 1 mittelgroßes Weißkraut, 65 g Speck oder Fett, ein Fleisch- oder Fischrest (gar), 1 hartgekochtes Ei, Salz, Kümmel.

Den gegangenen Hefeteig rechteckig ausrollen, in der Mitte mit Fülle belegen und beide Längsseiten zusammenschlagen, dabei die Teigränder in der Mitte fest zusammendrükken. Nach etwa 10 Minuten Gehzeit auf gefettetem Blech bei Mittelhitze 40 Minuten backen. Mit Wasser oder verquirltem Ei bestreichen und weitere 5 Minuten backen lassen. Für die Fülle das Kraut (ohne die dicksten Rippen) grob hacken und in erhitztem Speck oder Fett dünsten, dabei nur ganz wenig Wasser, das verdampfen soll, zugießen. Mit Fleisch- oder Fisch- und mit Eiwürfeln vermengen und mit Salz und Kümmel abschmecken. – Anstelle eines großen Piroggs können kleine Piroggen bereitet werden, die nur 15 bis 20 Minuten Backzeit brauchen. Nach Belieben eine Tomatentunke dazu auftragen.

Weiteres Gebäck aus Hefeteig ist im Kapitel „Blechkuchen“, siehe Seite 58, zu finden.

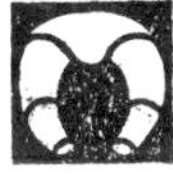

Die Blechkuchen

Die Auswahl an Blechkuchen ist groß, und sie kann, Geschmackswünsche und Zutaten berücksichtigend, in jedem Haushalt noch erweitert werden. Für die Bereitung von Blechkuchen eignet sich sowohl Hefe- als auch Backpulver-Knetteig. Bei Verwendung eines Mürbeteiges, einer Sand- oder Biskuitmasse bleibt das Gebäck, sofern es einen trockenen Belag hat, zwar längere Zeit haltbar, verliert aber den eigentlichen Charakter eines Blechkuchens.

Hefe-Knetteig, siehe Seite 46. Der gut gegangene Teig braucht nicht unbedingt auf bemehltem Brett oder gefettetem Blech ausgerollt zu werden, er läßt sich auch mit bemehlter Hand auf dem vorbereiteten Backblech breitdrücken. Der belegte Kuchen muß vor dem Backen stets noch 20 Minuten gehen.

Backpulver-Knetteig, siehe Seite 23. Der Einfachheit halber kann auch dieser Teig in der gleichen Weise wie Hefeteig auf dem gefetteten Blech breitgedrückt werden. Blechkuchen mit Backpulverteig schmecken nicht ganz so kräftig wie die mit Hefeteig, sind aber rascher als diese bereitet.

Dran gedacht – gut gelungen: Für einen trockenen Kuchen, der auf dem rechteckigen Blech des Haushaltherdes gebacken werden soll, wird eine Knetteigmenge aus 375 bis

500 g Mehl gebraucht. Bei nassem Kuchen genügt es, einen Teig aus 250 bis 375 g Mehl zu bereiten. Auch für ein kleines rundes Blech oder eine Springform reicht diese Teigmenge aus. Die genaue Menge richtet sich nach der Größe von Blech oder Form. Bei nassem Kuchen besteht oft die Gefahr, daß der Belag an der einen offenen Blechseite herunterläuft. Das läßt sich vermeiden, wenn solche Kuchen auf der Fett- bzw. Grillpfanne des Herdes gebacken werden. Es kann aber auch ein entsprechend zugeschnittenes Stück Holz, mit Margarinepapier umwickelt und gefettet, in die offene Blechseite geschoben werden. Blechkuchen werden stets auf die mittlere oder auf die zweite Schiene von oben her gestellt. Backhitze und Backzeit sind etwas unterschiedlich. Bei nassem Kuchen empfiehlt es sich, nach Ablauf der halben Backzeit den Wrasenschieber oder kurz die Ofentür spaltbreit zu öffnen, damit der sich bildende Dampf abziehen kann. Zu starkes Bräunen oder Austrocknen des Belages wird verhindert, wenn nach den ersten 10 Minuten Backzeit ein gefettetes Margarinepapier aufgelegt wird. Ein Obstbelag darf vor dem Backen nur ganz wenig gezuckert werden, weil sich sonst zu viel Saft bildet, der meistens in die Backröhre läuft und dort nur mühevoll zu entfernen ist. Da sich das Metall nachteilig auf den Geschmack auswirken kann, ist es ratsam, den Kuchen bald nach dem Backen vom Blech auf ein Holzbrett zu schieben. Vorsicht, daß dem Holz kein Zwiebel- oder anderer scharfer Geruch anhaftet! Die meisten Blechkuchen gewinnen sehr, wenn sie nach dem Backen mit zerlassener Butter beträufelt und mit feinem Zucker bestreut werden. Es brauchen übrigens nicht immer die üblichen rechteckigen Stücke geschnitten zu werden – der Kuchen läßt sich auch dreieckig oder rhombenförmig aufteilen. Trockener Kuchen bleibt in verschlossenem Gefäß frisch.

Zucker- oder Butterkuchen

Knetteig, 125 g Feinmargarine oder Butter, 50 g Zucker, 1/2 Teelöffel Zimt oder 1 Päckchen Vanillinzucker.

In die Teigplatte kleine Vertiefungen drücken, Feinmargarineflöckchen hineinsetzen und den mit dem Zimt vermischten Zucker darüberstreuen. Bei starker Mittelhitze etwa 25 Minuten backen.

Zitronen-Butterkuchen

Knetteig, 200 g Feinmargarine oder Butter, 125 g Zucker, 1 Zitrone oder Apfelsine, 2 Eigelb, Salz.

In die Teigplatte kleine Vertiefungen drücken. Zur schaumig geschlagenen Feinmargarine Zucker, etwas abgeriebene Zitronenschale, Zitronensaft, Eigelb und eine Prise Salz rühren. Diese Masse, wie bei Zuckerkuchen beschrieben, auf dem Teig verteilen. Bei kräftiger Mittelhitze etwa 30 Minuten backen.

Schokoladenkuchen

Knetteig, 200 g Feinmargarine oder Butter, Kakao, feiner klarer Zucker.

Die Teigplatte mit einem Drittel der erhitzten Feinmargarine bestreichen. So viel Kakao und Zucker daraufstreuen wie von der Margarine aufgenommen wird. Das zweite Drittel Feinmargarine darüberträufeln, wieder Kakao und Zucker folgen lassen und zuletzt den Feinmargarinerest auf dem Teig verteilen. Bei Mittelhitze etwa 25 Minuten backen.

Rosinenkuchen

Knetteig, 250 g Korinthen, 75 g Feinmargarine, 50 g Zucker, 1 Päckchen Vanillinzucker.

Unter den Knetteig die gewaschenen, trockengetupften Korinthen wirken und auf ein gefettetes Blech geben. Mit zerlassener Feinmargarine bestreichen und mit dem vanillierten Zucker bestreuen. Bei Mittelhitze etwa 30 Minuten backen. – Mit den Korinthen können auch 1 bis 2 kalte geriebene Kartoffeln unter den Teig geknetet werden.

Kartoffelkuchen

Hefe-Knetteig, etwa 150 g gekochte Kartoffeln vom Vortage, Butter oder Feinmargarine, Zimtzucker.

Die geriebenen Kartoffeln unter den Teig kneten und nochmals gehen lassen. Auf gefettetem Blech breitdrücken oder ausrollen. Nach weiteren 15 Minuten Gehen bei Mittelhitze etwa 25 Minuten backen. Sofort mit zerlassener Butter oder Feinmargarine bestreichen und mit Zimtzucker bestreuen. – Der Kartoffelgeschmack wird verstärkt, wenn bei der Bereitung des Hefeteiges nur 375 g Mehl und 200 g trockene Kartoffeln verwendet werden. Kartoffelkuchen schmeckt frisch am besten, er kann aber auch nochmals kurz aufgebacken werden. Dafür die Unterseiten der einzelnen Stücke leicht mit Wasser bespritzen und in die sich erwärmende Backröhre schieben. Nach Erreichen der erforderlichen Backtemperatur kann abgeschaltet werden.

Streuselkuchen

Knetteig, Milch oder Wasser, 400 g Mehl, 250 g Margarine,
200 g Zucker, Salz.

Die Teigplatte mit Milch oder Wasser bestreichen. Das gesiebte Mehl mit Margarine, Zucker und einer Prise Salz zur Streuselmasse verarbeiten und auf die Teigplatte krümeln. Bei Mittelhitze etwa 30 Minuten hellgelb backen. – Durch Zugabe von einem Päckchen Vanillinzucker oder $^1/_2$ Teelöffel Zimt werden die Streusel kräftiger im Geschmack.

Mandel-Streuselkuchen

Knetteig, Sahne oder Kondensmilch, 300 g Mehl,
125 g gehackte süße Mandeln, 15 g geriebene bittere Mandeln,
250 g Margarine, 225 g Zucker, Salz.

Die Teigplatte mit der Sahne bestreichen. Das gesiebte Mehl, Mandeln, Margarine, Zukker und eine Prise Salz zu Streuseln verarbeiten und auf den Teig krümeln. Bei Mittelhitze hell backen.

Zweifarbiger Streuselkuchen

Knetteig, Milch oder Wasser, 400 g Mehl, 200 g Margarine,
2 Eßlöffel Öl, 250 g Zucker, Salz, 4 Eßlöffel Kakao.

Die Teigplatte mit Milch oder Wasser bestreichen. Das gesiebte Mehl, Margarine, Öl, 200 g Zucker und eine Prise Salz zur Streuselmasse verarbeiten. Den restlichen Zucker und Kakao vermischen und unter die Hälfte des Streusels kneten. Die beiden Streuselarten abwechselnd auf der Teigplatte verteilen und bei Mittelhitze etwa 30 Minuten backen.

Glasierter Streuselkuchen

Ein Streuselkuchen nach einem der vorstehenden Rezepte gebacken,
halbe Menge Lukullusmasse, siehe Seite 133,
oder Schokoladen-Fettglasur.

Den gebackenen Streuselkuchen gleichmäßig mit Lukullusmasse oder Schokoladen-Fettglasur überziehen und nach Wunsch mit Mandel- oder Nußsplittern bestreuen.

Gefüllter Streuselkuchen

Ein Streuselkuchen, nach einem der vorstehenden Rezepte gebacken, leichte Vanillecreme, siehe Seite 136.

Den erkalteten Streuselkuchen quer halbieren. Die untere Kuchenhälfte mit Vanille- oder Buttercreme III bestreichen. Das obere Teil daraufsetzen, recht kalt stellen und mit scharfem Messer in Stücke teilen.

Fränkischer Streuselkuchen

75 g Margarine, 40 g Zucker, Salz, 2 Eier, 1 Eßlöffel Rum oder Weinbrand, 1/4 l Milch, 30 g Hefe, 400 g Mehl; 300 g Mehl, 125 g geriebene Mandeln, 150 g Zucker, abgeriebene Zitronenschale, 200 g Feinmargarine.

Margarine, Zucker, Salz und Eier recht schaumig schlagen, den Rum und abwechselnd auch die in der lauwarmen Milch verrührte Hefe und das gesiebte Mehl unterarbeiten. Den Teig warm gestellt gehen lassen. Inzwischen über Mehl, Mandeln, Zucker und Zitronenschale die erhitzte Feinmargarine gießen, so daß kleine Klümpchen entstehen. Damit die Teigplatte auf gefettetem Backblech bekrümeln und bei Mittelhitze etwa 35 Minuten backen.

Tüpfelkuchen

Hefe-Knetteig nach Grundrezept, aber nicht nur mit Margarine, sondern mit 40 g Talg, 30 g Margarine, 30 g Schmalz und 1 Eßlöffel Öl bereitet, 2 Eier, 125 g gut gekühlte Feinmargarine, 125 g Zucker, Mehl.

Die Teigplatte auf gefettetem Backblech mit verquirlten Eiern bestreichen. Feinmargarine, Zucker und etwa eine Handvoll Mehl locker verarbeiten und auf dem Teig verkrümeln. Bei Mittelhitze backen. – Den Streuseln kann ein wenig abgeriebene Zitronenschale zugesetzt werden.

Russischer Hefekuchen

450 g Mehl, 1/4 l Milch, 15 g Hefe, 80 g Margarine, 150 g Zucker, 2 Eigelb, Salz, 125 g gehackte Nüsse oder Mandeln (darunter 3 bis 5 Stück bittere), 100 g Feinmargarine oder Butter, knapp 1 Teelöffel Zimt.

Aus 400 g Mehl und der in der Milch zerbröckelten Hefe ein Hefestück bereiten. Nach dem Gehen Margarine, 50 g Zucker, Eigelb und Salz schaumig schlagen, mit dem Hefestück und 25 g Nüssen zu einem lockeren Teig verarbeiten. Nach nochmaligem Gehen etwa fingerdick auf ein gefettetes Backblech geben, dabei einen kleinen Rand andrücken und mehrmals mit der Gabel einstechen. Die schaumig geschlagene Feinmargarine, Mehl-, Zucker- und Nußreste sowie Zimt vermischen und auf dem Teig verteilen. Bei Mittelhitze etwa 30 Minuten backen.

Carolinenkuchen

Knetteig, 150 g Feinmargarine, 150 g Zucker,
1 Päckchen Vanillinzucker, Salz, abgeriebene Zitronenschale,
1 Eßlöffel Stärkemehl, 65 g Kokosraspel oder gehackte Mandeln.

In die Teigplatte leichte Vertiefungen drücken oder mehrfach mit einer Gabel einstechen. In der flüssigen, abgekühlten Feinmargarine Zucker, Gewürz, Stärkemehl und Kokosraspel verrühren. Diese Masse entweder häufchenweise in die Teigvertiefungen setzen oder breitstreichen. Bei Mittelhitze etwa 30 Minuten backen.

Lausitzer Zwiebackkuchen

Knetteig, reichlich 1/8 l Milch oder Sahne, 300 g Zwieback,
75 g Nüsse oder Mandeln, 125 g Zucker, 1 Päckchen Vanillinzucker,
Salz, 125 g Feinmargarine.

Die Teigplatte mit Milch oder Sahne bestreichen. Zwieback und Nüsse reiben, mit Zucker, Vanillinzucker und einer Prise Salz locker vermischen. Den Teig damit bekrümeln und den Kuchen bei Mittelhitze etwa 25 Minuten backen. Sofort mit der zerlassenen Feinmargarine beträufeln und nach Möglichkeit mit einer dünnen Zitronenglasur überziehen oder mit Staubzucker besieben.

Mandel- oder Nußkuchen

Knetteig, 2 Eier, 1/8 l saure Sahne, 1 Teelöffel Stärkemehl,
Salz, 150 g gehackte Mandeln oder Nüsse, 150 g Zucker.

An die Teigplatte einen Rand drücken. Eier, saure Sahne, Stärkemehl und eine Prise Salz glattrühren und auf dem Teig verteilen. Gehackte Mandeln und Zucker darüberstreuen. Sofort bei guter Mittelhitze etwa 25 Minuten backen. – Der Mandelkuchen kann nach Belieben mit einer Zitronenglasur, siehe Seite 142, überzogen werden. 10 Minuten vor Beendigung der Backzeit aufgesetzte Butterflöckchen verfeinern den Kuchen.

Makronenkuchen

Knetteig, 125 g Margarine, 150 g Zucker, 1 Zitrone, 3 Eier,
300 g Kokosraspel, 5 bittere Mandeln, 6 Zwiebäcke, Salz.

Den Knetteig auf ein gefettetes Blech geben, dabei einen Rand andrücken. Die schaumig geschlagene Margarine mit Zucker, abgeriebener Zitronenschale und Zitronensaft verrühren, nach und nach Eigelb, Kokosraspel, geriebene bittere Mandeln und Zwie-

bäcke zugeben. Die leicht gesalzenen Eiweiß steif schlagen und zuletzt unterheben. Die Makronenmasse auf dem Teig verteilen und den Kuchen bei Mittelhitze etwa 35 Minuten backen. Vor zu starker Oberhitze schützen!

Bienenstich

Knetteig, 150 g Feinmargarine, 150 g Zucker, 75 g Kunsthonig, 200 g Mandeln, Nüsse oder Kokosraspel, 5 bittere Mandeln, 2 bis 3 Eier, $^1/_{16}$ l Sahne oder Milch, Salz.

Den Teig auf ein gefettetes Blech geben, dabei einen Rand andrücken. Feinmargarine, Zucker und Honig auf kleiner Flamme kurz kochen lassen, vom Feuer nehmen, die gehackten Mandeln und nach weiterer Abkühlung die Eier zugeben. Sahne und eine Prise Salz unterrühren, die Masse auf dem Teig breitstreichen und bei Mittelhitze etwa 25 Minuten backen, wenn nötig vor zu starker Oberhitze schützen. – Für Bienenstichmasse können auch nur Feinmargarine, Zucker und Mandeln gemeinsam erhitzt werden. Vom Feuer genommen und mit 6 Eßlöffel Sahne oder Milch verrührt wird diese Masse nach Abkühlung auf dem Teig verteilt.

Schokoladen-Bienenstich

Ein Bienenstich- oder Makronenkuchen, nach vorstehenden Rezepten gebacken, halbe Menge Lukullusmasse, siehe Seite 133, oder Schokoladen-Fettglasur.

Den abgekühlten Kuchen mit Lukullusmasse überziehen und mit scharfem Messer in Stücke schneiden. – Der Kuchen kann auch quer halbiert und mit Lukullusmasse gefüllt werden.

Gefüllter Bienenstich

Wie gefüllten Streuselkuchen, siehe Seite 62, bereiten.

Gußkuchen

Knetteig, 150 g Sultaninen, 100 g Mandeln oder Nüsse, 125 g Margarine, 75 g Zucker, 1 Päckchen Vanillinzucker, 4 bis 5 Eier, $^1/_8$ l saure Sahne, Salz, Staubzucker.

Den Knetteig auf ein gefettetes Blech geben, dabei einen Rand andrücken. Sultaninen und Mandelstifte darauf verteilen. Die erhitzte, vom Feuer genommene Margarine mit Zucker, Vanillinzucker, Eigelb und saurer Sahne verrühren, den leicht gesalzenen, steifen Eischnee unterziehen. Den Guß auf dem Teig verteilen, bei Mittelhitze etwa 30 Minuten backen und mit Staubzucker besieben. – Der Guß kann durch Zugabe von 2 Eßlöffel Kakao verändert werden.

Schokoladenkranz · Nußcremetorte

Biskuit-Obsttorte · Fruchttörtchen

Käsetörtchen · Blätterteigpastetchen

Fruchtschnitten · Eiche

Sandstreifen · Bröseltorte

Teekranz · Linzer Torte

Zackenhörnchen · Plunderbrezeln

Marzipankuchen · gefüllter Sandkuchen

Thüringer Makronenkuchen

Knetteig, 250 g Grieß, 250 g Zucker, 1 Päckchen Vanillinzucker, Salz, 250 g Margarine, 3 Eier, 5 geriebene bittere Mandeln.

Den Knetteig auf ein gefettetes Blech geben, dabei einen Rand andrücken. Die übrigen Zutaten recht gut miteinander verarbeiten, auf der Teigplatte verteilen und bei Mittelhitze etwa 30 Minuten backen. Wenn gewünscht, mit Staubzucker besieben.

Mollykuchen

Knetteig, 1 Glas herbe Marmelade, $^1/_8$ l saure Sahne, 2 Eier, 1 Eßlöffel Stärkemehl, 1 Tasse Korinthen oder gehackte Sauerkirschen oder geraspelte Äpfel.

Den Knetteig auf ein gefettetes Blech geben, dabei einen Rand andrücken. Marmelade, saure Sahne, Eier, Stärkemehl und nach Wunsch auch etwas Rum oder Weinbrand recht gut verquirlen und auf die Teigplatte gießen. Die vorbereiteten Korinthen oder Früchte darüberstreuen. Nach Belieben Butterflöckchen daraufsetzen und den Kuchen bei guter Mittelhitze etwa 30 Minuten backen.

Mohnkuchen

Knetteig, $^1/_2$ l Wasser oder Milch, 125 g Margarine, 125 g Zucker, Salz, 65 g Grieß, 500 g gemahlener Mohn, $^1/_2$ Teelöffel Zimt, 2 Eier, 100 g Sultaninen, weiße Zuckerglasur.

Den Teig auf ein gefettetes Blech geben, dabei einen Rand andrücken. Mit der Mohnmasse bestreichen und bei Mittelhitze etwa 40 Minuten backen. Mit weißer Zuckerglasur, die in diesem Fall mit Milch angerührt werden kann, überziehen. Für die Mohnmasse Wasser, Margarine, Zucker und eine Prise Salz aufkochen, den eingestreuten oder angerührten Grieß darin ausquellen lassen. Sofort den gemahlenen Mohn, den Zimt, nach leichter Abkühlung die Eier und die vorbereiteten Sultaninen untermengen.

Hamburger Mohnkuchen

Knetteig, Mohnmasse, siehe vorstehendes Rezept, 3 Eier, 75 g Staubzucker, 4 bis 5 Eßlöffel Sahne oder Kondensmilch, 100 g geriebene Mandeln, darunter 5 Stück bittere, 1 Päckchen Vanillinzucker, $^1/_2$ Päckchen Puddingpulver Vanillegeschmack, 1 bis 2 Eßlöffel Rum oder Weinbrand.

Den mit der Mohnmasse bestrichenen Teig knapp 20 Minuten backen. Inzwischen die übrigen Zutaten recht gut miteinander verrühren und als Guß auf dem Kuchen verteilen. Weitere 15 bis 20 Minuten backen.

Mohn-Apfelkuchen

Knetteig, halbe Menge Mohnmasse, siehe Mohnkuchen, etwa 500 g Äpfel, 1 Tasse Sultaninen, 30 g Butter oder Feinmargarine, Staubzucker.

Den Teig auf ein gefettetes Backblech geben, dabei einen Rand andrücken. Unter die Mohnmasse die geraspelten Äpfel und die vorbereiteten Sultaninen, nach Wunsch auch etwas Zucker mischen. Gleichmäßig auf dem Teig verteilen und bei Mittelhitze etwa 30 Minuten backen. Auf den Kuchen Butterflöckchen setzen und weitere 10 Minuten backen lassen. Mit Staubzucker besieben.

Bunter Mohnkuchen

Knetteig, Quarkmasse aus 375 g Quark, siehe Quarkkuchen, Mohnmasse aus 250 g Mohn, siehe Mohnkuchen, etwa 750 g Äpfel, Staubzucker.

Den Teig auf ein gefettetes Blech geben und dabei einen Rand andrücken. Die Quarkmasse darauf verteilen. Apfelringe – ohne Schale und Kernhaus – darauflegen. Die Zwischenräume mit Mohnmasse ausfüllen, dazu am besten einen Spritzbeutel mit großer Tülle verwenden. Bei Mittelhitze backen und mit Staubzucker besieben.

Kleckselkuchen

Knetteig, Quarkmasse aus 500 g Quark, siehe Quarkkuchen, Mohnmasse aus 250 g Mohn, siehe Mohnkuchen, 2 Äpfel oder geröstete Mandelsplitter, Butter, Staubzucker.

Den Teig auf ein gefettetes Blech geben und dabei einen Rand andrücken. Quark- und Mohnmasse löffelweise abwechselnd auf dem Teig verteilen. Kleine Apfelwürfelchen oder Mandelsplitter, auch beides zusammen, darüberstreuen und den Kuchen bei Mittelhitze etwa 45 Minuten backen. Buttern und zuckern. – Kleckselkuchen kann ohne Apfelwürfelchen bereitet oder vor dem Backen mit Streuseln verfeinert werden.

Quarkkuchen

Knetteig, 80 g Margarine, 200 g Zucker, 2 bis 3 Eier, 1 kg Quark, 1 Päckchen Puddingpulver Vanille- oder Mandelgeschmack oder 50 g Stärkemehl, Milch, Salz, abgeriebene Zitronenschale, 125 g Sultaninen oder Korinthen.

Den Teig auf ein gefettetes Backblech geben, dabei einen Rand andrücken. Zur schaumig gerührten Margarine nach und nach die übrigen Zutaten geben und so lange schlagen, bis die Masse cremig ist. Auf die Teigplatte streichen und bei Mittelhitze etwa 45 Minuten backen. Möglichst noch warm mit zerlassener Butter beträufeln und mit Staubzucker besieben. – Durch Zugabe von 5 geriebenen bitteren Mandeln läßt sich Quarkkuchen geschmacklich verändern.

Lukullus-Quarkkuchen

Knetteig, Quarkmasse aus 750 g Quark, siehe Quarkkuchen,
200 g Kokosraspel, abgeriebene Apfelsinenschale,
halbe Menge Lukullusmasse, siehe Seite 133,
oder Schokoladen-Fettglasur.

Den Knetteig auf ein gefettetes Blech geben, dabei einen Rand andrücken. Unter die Quarkmasse Kokosraspel und abgeriebene Apfelsinenschale mengen und auf dem Teig verteilen. Bei Mittelhitze etwa 40 Minuten backen. Nach dem Erkalten mit Lukullusmasse oder Schokoladen-Fettglasur überziehen.

Quarkkuchen mit Früchten

Knetteig, Quarkmasse, siehe Quarkkuchen, 50 g Feinmargarine
oder Butter, 1/2 Glas Konfitüre, einige Früchte,
der Konfitüre entsprechend.

Den Knetteig auf ein gefettetes Blech geben, dabei einen Rand andrücken. Die Quarkmasse darauf verteilen. Unter die schaumig geschlagene Margarine die Konfitüre mischen und tüpfelweise auf den Quark geben. Auf jeden Tupf eine Frucht legen und den Kuchen bei Mittelhitze backen.

Kirmeskuchen

Knetteig, Quarkmasse, siehe Quarkkuchen, 2 bis 3 Eier,
80 g Zucker, 2 bis 3 Eßlöffel Rum, 65 g Feinmargarine,
Streusel aus 200 g Mehl, 100 g Margarine und 100 g Zucker.

Den Teig auf ein gefettetes Blech geben, dabei einen Rand andrücken. Die Quarkmasse aufstreichen. Eier, Zucker, Rum und die flüssige, aber nicht mehr heiße Margarine verrühren und auf dem Quark verteilen. Die Streusel darüberkrümeln und den Kuchen bei Mittelhitze etwa 40 Minuten backen.

Eierschecke

Knetteig, Quarkmasse, siehe Quarkkuchen, 30 g süße Mandeln,
5 Stück bittere Mandeln, 1/4 l saure Sahne, 1/4 l Milch,
20 g Stärkemehl, 5 Eier, 75 g Zucker, 1 Päckchen Vanillinzucker,
50 g Butter, 3 Eßlöffel Rum.

Den Teig auf ein gefettetes Blech geben, dabei einen Rand andrücken. Unter die Quarkmasse die geriebenen Mandeln mischen und damit die Teigplatte gleichmäßig bestreichen. Die übrigen Zutaten so lange im Wasserbad schlagen, bis sie dickschaumig geworden sind, erst dann über die Quarkmasse ziehen. Bei Mittelhitze etwa 50 Minuten backen. Vor zu starker Oberhitze schützen! Der Kuchen wird besonders appetitlich in der Farbe, wenn er gegen Ende der Backzeit mit zerlassener Butter bestrichen wird.

Böhmische Eierschecke

Knetteig, Quarkmasse, siehe Quarkkuchen, 80 g Feinmargarine, 80 g Zucker, 1 Päckchen Vanillinzucker, 3 geriebene bittere Mandeln, Salz, 2 Eier, 3 Eßlöffel Rum.

Den Teig auf ein gefettetes Blech geben, dabei einen Rand andrücken. Die Quarkmasse darauf verteilen. Feinmargarine, Zucker und Gewürz schaumig schlagen, 1 Ei und 1 Eigelb sowie den Rum zugeben. Zuletzt den steifen Eischnee unterheben und auf dem Belag breitstreichen. Bei Mittelhitze etwa 40 Minuten backen, dabei vor zu starker Oberhitze schützen.

Quark-Obstkuchen

Knetteig, Quarkmasse aus 500 g Quark, siehe Quarkkuchen, frisches oder gedünstetes, gut abgetropftes Obst, Zucker, 20 g Butter.

Den Teig auf ein gefettetes Blech geben, dabei einen Rand andrücken. Die Quarkmasse darauf breitstreichen und mit Früchten belegen. Nur ganz wenig Zucker aufstreuen und bei Mittelhitze etwa 40 Minuten backen. Noch warm mit zerlassener Butter beträufeln. – Es können auch erst die Früchte und dann die Quarkmasse auf den Teig gegeben werden.

Stachelbeerkuchen

Knetteig, Quarkmasse aus 500 g Quark, siehe Quarkkuchen, 1/2 Dose Nußmus, 3 bittere Mandeln, gedünstete, abgetropfte grüne Stachelbeeren, Staubzucker.

Den Teig auf ein gefettetes Blech geben, dabei einen Rand andrücken. Quarkmasse, Nußmus und geriebene bittere Mandeln vermengen, gegebenenfalls nachsüßen, und auf dem Teig breitstreichen. Die Stachelbeeren dicht darauf anordnen und bei Mittelhitze etwa 40 Minuten backen. Mit Staubzucker besieben.

Rhabarberkuchen

1 kg Rhabarber, 250 g Zucker, Knetteig, 1 Päckchen Puddingpulver Vanille- oder Mandelgeschmack, etwa 1/16 l saure Sahne, 50 g Feinmargarine, 3 Eier.

Den in Stücke geschnittenen Rhabarber mit dem Zucker bestreuen und zugedeckt stehen lassen, bis sich reichlich Saft gebildet hat. Den Teig auf ein gefettetes Blech geben, dabei einen Rand andrücken. Den Rhabarbersaft nötigenfalls auf 3/8 l auffüllen und mit dem in der sauren Sahne angerührten Puddingpulver dicken. Unter den heißen Pudding Feinmargarine und Eier rühren. Mit dieser Masse die Teigplatte bestreichen, die abgetropften Rhabarberstückchen darauf verteilen. Den Kuchen bei Mittelhitze etwa

40 Minuten backen. Nach Möglichkeit sofort mit heißer Butter beträufeln und mit Staubzucker besieben. – Anstelle von Rhabarber können kurz vorgedünstete grüne Stachelbeeren verwendet werden.

Kirschkuchen

Knetteig, 1,5 kg Kirschen, 3 Eier, 80 g Zucker,
1 kleine Flasche Kaffeesahne, 25 g Stärkemehl, Salz.

Den Teig auf ein gefettetes Blech geben, dabei einen Rand andrücken. Die vorbereiteten Kirschen auflegen. Eigelb und Zucker recht schaumig schlagen, Kaffeesahne und Stärkemehl verquirlt zugeben. Zuletzt den leicht gesalzenen steifen Eischnee unterheben. Diese Masse über die Kirschen ziehen und den Kuchen bei Mittelhitze backen. Noch warm zuckern. – Dem Guß können 3 geriebene bittere Mandeln zugesetzt werden. Statt Guß läßt sich eine Quarkmasse verwenden.

Sächsischer Kirschkuchen

Knetteig, 1,5 bis 2 kg Kirschen, 50 g Zimtzucker, 200 g Mehl,
100 g Margarine, 100 g Zucker, Salz.

Den Teig auf ein gefettetes Blech geben, dabei einen Rand andrücken. Dick mit Kirschen belegen und mit Zimtzucker bestreuen. Aus Mehl, Margarine, Zucker und einer Prise Salz Streusel kneten und auf die Kirschen krümeln. Etwa 40 Minuten backen.

Heidelbeerkuchen

Knetteig, Semmelbrösel oder Grieß, 1,5 kg Heidelbeeren
(Blaubeeren, Schwarzbeeren), Zimtzucker.

Den Teig auf ein gefettetes Blech geben, dabei einen Rand andrücken. Gleichmäßig, aber dünn mit Semmelbröseln oder Grieß bestreuen und mit den vorbereiteten, möglichst trockenen Heidelbeeren belegen. Nur ganz leicht zuckern und bei Mittelhitze etwa 35 Minuten backen. Noch warm mit Zimtzucker bestreuen.

Johannisbeerkuchen

Wie Rhabarber-, Kirsch- oder Heidelbeerkuchen bereiten.

Besonders fein im Geschmack wird der Kuchen, wenn rote und schwarze Johannisbeeren gemischt verwendet werden.

Aprikosenkuchen

Knetteig, 50 g Feinmargarine, 50 g Zucker,
1 Päckchen Vanillinzucker, Salz, 2 Eier, 2 Gläser Aprikosen,
1 Päckchen Puddingpulver Mandelgeschmack, 4 Eßlöffel süße Sahne.

Den Teig auf ein gefettetes Blech geben, dabei einen Rand andrücken. Feinmargarine, Zucker, Gewürz und Eier recht schaumig schlagen. Aus 1/2 l abgelaufenem Aprikosensaft und dem in der Sahne angerührten Puddingpulver einen Pudding kochen. Nach dem

Abkühlen löffelweise unter die Eiermasse schlagen und auf dem Teig breitstreichen. Die Aprikosen auflegen, nach Wunsch mit gehackten Mandeln bestreuen und bei Mittelhitze etwa 40 Minuten backen. Kurz vor Ende der Backzeit mit Butter oder Feinmargarine bepinseln.

Apfelkuchen

Knetteig, 1,5 kg Äpfel (möglichst mürbe, säuerliche),
125 g Sultaninen, 5 bittere Mandeln, Butter, Zucker.

Den Teig auf ein gefettetes Blech geben, dabei einen Rand andrücken. Die geschälten, in Achtel geschnittenen Äpfel schuppenförmig darauf anordnen. Sultaninen darauf verteilen und die bitteren Mandeln darüberreiben. Den Kuchen bei Mittelhitze etwa 40 Minuten backen, bei zu starker Oberhitze mit gefettetem Papier abdecken. Mit zerlassener Butter beträufeln, nochmals 5 Minuten in die heiße Röhre schieben und sofort mit feinem Zucker bestreuen. – Anstelle von Sultaninen können Korinthen verwendet werden. Durch Streusel (Hälfte der unter Streuselkuchen angegebenen Menge) läßt sich der Kuchen vor dem Backen noch verfeinern.

Apfelkuchen nach Großmutterart

Knetteig, knapp 2 kg Äpfel, 100 g Sultaninen oder Korinthen,
Zucker nach Geschmack der Äpfel, 1 Päckchen Vanillinzucker,
ein Schuß Rum oder Weinbrand, 3 geriebene bittere Mandeln,
1/2 Teelöffel Zimt.

Den Teig auf ein gefettetes Blech geben, dabei einen Rand andrücken. Die geschälten Äpfel halbieren, das Kernhaus entfernen und die Apfelhälften raspeln. Sofort mit den übrigen Zutaten, nach Wunsch auch etwas Zitronensaft, verrühren. Diese Masse auf dem Kuchen verteilen. Bei Mittelhitze etwa 45 Minuten backen. Auch dieser Kuchen gewinnt sehr, wenn er sofort mit zerlassener Butter beträufelt und mit feinem Zucker bestreut wird.

Apfelkuchen mit Guß

Knetteig, 1,5 kg Äpfel, Zucker, Zimt, 150 g Korinthen,
1/2 l Buttermilch, 1 Päckchen Puddingpulver Sahnegeschmack,
abgeriebene Zitronenschale, 1 bis 2 Eier, Salz.

Den Teig auf ein gefettetes Blech geben und dabei einen Rand andrücken. Die geraspelten Äpfel, ohne Schale und Kernhaus, mit Zucker nach Geschmack, Zimt und Korinthen vermengen. Auf der Teigplatte verteilen. Buttermilch, 2 Eßlöffel Zucker, Puddingpulver, etwas abgeriebene Zitronenschale, Ei und eine Prise Salz auf kleiner Flamme unter ständigem Rühren zum Kochen bringen. Abgekühlt über die Äpfel gießen und den Kuchen etwa 40 Minuten backen, gegebenenfalls vor zu starker Oberhitze schützen.

Pflaumenkuchen

Knetteig, 1,5 kg Pflaumen, Zucker; 200 g Mehl, 100 g Margarine, 100 g Zucker, Salz, Butter.

Den Teig auf ein gefettetes Blech geben, dabei einen Rand andrücken. Die längs aufgeschnittenen Pflaumen entkernen, jede der zusammenhängenden Pflaumenhälften nochmals längs einschneiden und die Früchte flach und schuppenförmig auf den Teig legen. Ein wenig Zucker daraufstreuen. Aus Mehl, Margarine, Zucker und einer Prise Salz Streusel bereiten und auf den Pflaumen verteilen. Bei Mittelhitze etwa 40 Minuten backen. Sofort mit zerlassener Butter beträufeln und nochmals mit Zucker bestreuen.

Zwiebelkuchen

Ungesüßter Hefe-Knetteig nach Grundrezept, 175 g Speck, 65 g Margarine, 750 g Zwiebeln, 2 bis 3 Eßlöffel Kümmel, Salz, 1/4 l saure Sahne, 3 bis 4 Eier, 40 g Stärkemehl.

Den Teig auf ein gefettetes Blech geben, dabei einen Rand andrücken. Den Belag auf der Teigplatte verteilen. Bei Mittelhitze etwa 40 Minuten backen und sofort auftragen. Für den Belag den kleinwürfelig geschnittenen Speck in der erhitzten Margarine auslassen, Zwiebelringe, Kümmel und Salz zugeben, doch nur kurz dünsten lassen. Vom Feuer nehmen und die übrigen verquirlten Zutaten unterrühren.

Speckkuchen

Ungesüßter Hefe-Knetteig nach Grundrezept, 250 g Speck, 50 g Margarine, 2 Eßlöffel Kümmel, 1/4 l saure Sahne, 3 Eier, Salz, 20 g Stärkemehl.

Den gegangenen Hefeteig auf ein gefettetes Blech geben, dabei einen Rand andrücken. Während der Teig nochmals geht, den kleinwürfelig geschnittenen Speck in der erhitzten Margarine anbraten, auf der Teigplatte verteilen und mit Kümmel bestreuen. Die übrigen Zutaten miteinander verquirlen und über den Speck gießen. Bei guter Mittelhitze etwa 45 Minuten backen und sofort auftragen.

Tomatenkuchen

Ungesüßter Knetteig nach Grundrezept, 40 g Margarine, 150 g Speck, 350 g Zwiebeln, etwa 750 g Tomaten, Petersilie, 100 g Weißbrot, 2 bis 3 Eier, Salz, Reibkäse.

Den Teig auf ein gefettetes Blech geben, dabei einen Rand andrücken. In der erhitzten Margarine den kleinwürfelig geschnittenen Speck auslassen. Die in Ringe oder Würfel geschnittenen Zwiebeln kurz darin dünsten. Auf der Teigplatte verteilen und darauf Tomatenscheiben legen (auch Feinfrost-Tomaten sind geeignet). Mit gehackter Petersilie bestreuen. Das eingeweichte, ausgedrückte Weißbrot mit Eiern und Salz, nach Wunsch auch einer Spur Muskat verrühren und auf den Tomaten breitstreichen. Bei Mittelhitze etwa 40 Minuten backen, noch warm mit Reibkäse bestreuen.

Der Blätterteig

Blätterteig ergibt ein besonders feines, allerdings sehr fettreiches Gebäck. Die Bereitung des echten Blätterteiges im Haushalt erfordert schon gewisse Geschicklichkeit und ist auch etwas zeitraubend. Deshalb erfreut sich jetzt „Friti"-Blätterteig – das backfertige Erzeugnis aus der Kühltruhe – großer Beliebtheit. Wie die nachstehenden Rezepte zeigen, gibt es außer dem echten andere Blätterteige, die sich wesentlich rascher bereiten lassen und ebenfalls ausgezeichnet schmecken.

Echter Blätterteig

250 g Mehl, Salz, 10 Eßlöffel Wasser, 2 Eßlöffel Weinbrand, Rum oder Essig, 250 g Feinmargarine oder Butter.

Das Mehl, wenn möglich, auf eine kalte Marmorplatte sieben. In eine Vertiefung in der Mitte eine kräftige Prise Salz geben, Wasser und Weinbrand zugießen und mit kalten Händen einen festen, zähen Teig kneten, dabei einen Teelöffel Feinmargarine unterarbeiten. Die Feinmargarine zwischen zwei Bogen Butterpapier zu einer dicken rechteckigen Platte breitrollen. Teig und Feinmargarine kalt stellen, damit beide für die weitere Verarbeitung die gleiche Temperatur bekommen. Den Teig auf bemehltem Untergrund so ausrollen, daß eine rechteckige, in der Mitte etwas stärkere Platte entsteht. Die Feinmargarine darauflegen und den Teig von beiden Seiten darüberschlagen. Für etwa 20 Minuten kalt stellen und wieder ausrollen, dann dreifach zusammenschlagen und den Teig mindestens 30 Minuten kalt stellen. Den Vorgang des Ausrollens, Zusammenschlagens und Kaltstellens noch zweimal wiederholen und erst dann den Teig nach Rezeptvorschrift weiterverarbeiten. Anhaftendes Mehl sollte bei den einzelnen Arbeitsgängen (Touren) abgestäubt werden, da sonst der Teig brüchig werden kann.

Quarkblätterteig

250 g Margarine, 250 g trockener Quark, 250 g Mehl, Salz.

Margarine, glattgestrichenen Quark, gesiebtes Mehl und eine Prise Salz rasch und gründlich zu einem Teig verarbeiten. Mindestens 30 Minuten kalt stellen und möglichst

wie echten Blätterteig mehrfach ausrollen und zusammenschlagen. – Mit dem Mehl kann eine Prise Backpulver gesiebt werden.

Blitzblätterteig

500 g Mehl, 500 g einfache Margarine, 1 Tasse Milch, Salz.

Alle Zutaten rasch zu einem Teig verkneten und mindestens 24 Stunden kalt gestellt rasten lassen. Der Teig kann bis zu einer Woche im Kühlschrank lagern, das macht ihn um so besser. Nach Rezeptvorschrift verarbeiten.

Dran gedacht – gut gelungen: Beim Blätterteig ist es von größter Wichtigkeit, daß die zur Verarbeitung kommenden Zutaten recht gut gekühlt worden sind. Die Margarine oder Butter soll nicht zu salz- oder wasserhaltig, das Mehl soll griffig und kleberhaltig sein. Sobald der echte Blätterteig geknetet, also nicht in der angegebenen Weise ausgerollt und wieder zusammengeschlagen wird, verliert er seine blätterige Beschaffenheit. Zum Schneiden des ausgerollten Blätterteiges gehört unbedingt ein sehr scharfes Messer, damit die blätterigen Lagen nicht reißen. Auch Blättergebäck wird besonders appetitlich, wenn es vor dem Backen mit Ei bestrichen wird. In diesem Falle wird das Ei nicht mit Milch verquirlt, und es darf dabei nichts von der Oberfläche herunterlaufen, weil der Teig an diesen Stellen zusammenklebt und nicht blätterig aufgehen kann. Bevor das geformte Gebäck in den heißen Ofen kommt, soll es noch einmal für kurze Zeit recht kühl gestellt werden. Blätterteig wird nicht auf gefettetem, sondern auf wasserbenetztem Blech gebacken. Die Backtemperatur soll mindestens 180 Grad betragen. Liegt sie darunter, so tritt das Fett aus dem Teig. Da Blätterteig grundsätzlich ohne Zucker bereitet wird, verlangt das fertige Gebäck nach süßen Cremes oder Glasuren, sofern es nicht mit einer Fülle gebacken wurde oder – wie beispielsweise Blätterteigpastetchen – für eine herzhaft abgeschmeckte Fülle vorgesehen ist. Gefrosteter Blätterteig kann im Tiefkühlfach bis zu 2 Wochen vorrätig gehalten werden, so daß er notfalls rasch einmal aus der Verlegenheit helfen kann.

Blätterzungen

Blätterteig nach Grundrezept, etwa 150 g grober Zucker.

Den Blätterteig etwa 1 cm stark ausrollen und zu kleinen runden Plätzchen ausstechen. Groben Zucker auf das Backbrett streuen und die Teigstücke darauf oval ausrollen. Mit der Zuckerseite nach oben auf ein wasserbenetztes Blech legen und bei starker Mittelhitze etwa 15 Minuten backen.

Vanillezungen

Blätterteig nach Grundrezept, 75 g grober Zucker,
50 g gehackte Mandeln, Nüsse oder Kokosraspel,
Vanillecreme, siehe Seite 136.

Den Blätterteig etwa 1 cm stark ausrollen und kleine runde Plätzchen ausstechen. Zukker und Mandeln mischen, auf ein Backbrett streuen und die Hälfte der runden Teigstücke darauf oval ausrollen, die übrigen Teigstücke auf unbestreutem Brett ebenfalls oval rollen. Die Zungen – mit der gezuckerten Seite nach oben – auf ein wasserbenetztes Blech legen und bei Mittelhitze backen. Die einfachen Zungen mit Vanillecreme bespritzen und jeweils eine gezuckerte Zunge darauflegen.

Monikaschnitten

Blätterteig nach Grundrezept, halbe Menge Lukullusmasse,
siehe Seite 133, oder Schokoladen-Fettglasur,
Aprikosenmarmelade.

Den ausgerollten Blätterteig in gleichmäßige Rechtecke oder Quadrate teilen und auf einem mit Wasser benetzten Blech bei Mittelhitze etwa 15 Minuten backen. Mit Lukullusmasse bestreichen und nach dem Festwerden jeweils zwei Gebäckstücke mit Aprikosenmarmelade zusammensetzen.

Schweinsohren

Blätterteig nach Grundrezept, etwa 150 g grober Zucker.

Unter den knapp 5 mm stark ausgerollten Blätterteig die Hälfte des groben Zuckers streuen und noch einmal mit dem Rollholz leicht über den Teig fahren. Die Teigplatte in Stücke von etwa 20×30 cm teilen und jedes von den beiden Schmalseiten her zur Mitte hin aufrollen. Nochmals kalt stellen und erst dann mit scharfem Messer in gleichmäßige Scheiben schneiden. Jeweils mit einer Seite in den restlichen Zucker drücken. Die Schweinsohren mit der gezuckerten Seite nach oben auf ein wasserbenetztes Blech legen und bei Mittelhitze etwa 15 Minuten backen. – Die Schweinsohren können ganz oder zur Hälfte mit Schokoladenglasur überzogen werden.

Nußstengel

Blätterteig nach Grundrezept, 6 Eßlöffel Nußmus aus dem Glas, 3 Eßlöffel Honig, 1 Ei.

Den Blätterteig etwa 5 mm stark ausrollen und in gleichmäßige Stangen schneiden. Nußmus, Honig und Ei, nach Wunsch auch ein wenig abgeriebene Zitronenschale, verrühren und vorsichtig auf die schmalen Teigstücke streichen. Auf wasserbenetztem Blech bei Mittelhitze etwa 15 Minuten backen. – Anstelle der Nußmasse ist auch die Bienenstichmasse, siehe Seite 64, verwendbar.

Mohnhörnchen

Blätterteig nach Grundrezept, halbe Menge Mohnmasse, siehe Seite 65, Zitronenglasur.

Den knapp 5 mm stark ausgerollten Blätterteig in Dreiecke teilen. Auf jedes Teigstück einen Klecks Mohnmasse geben, den Teig von der Breitseite her aufrollen und auf wasserbenetztem Blech bei Mittelhitze etwa 20 Minuten backen. Mit einer Zitronenglasur überziehen. – Anstelle der Mohnmasse läßt sich Marmelade oder Quarkmasse verwenden.

Quarktaschen

Blätterteig nach Grundrezept, 200 g Quark, 50 g Zucker, 1 Ei, 1 Eßlöffel helles Puddingpulver oder Stärkemehl, 2 bis 3 Eßlöffel Sahne, abgeriebene Zitronenschale, zum Bestreichen verquirltes Ei oder Butter.

Den rechteckig ausgerollten Blätterteig in gleichmäßige Quadrate schneiden und die aus den übrigen Zutaten bereitete Quarkmasse in die Mitte jedes Stückes geben. Die vier Ecken jeweils nach oben klappen. Entweder vor dem Backen oder kurz vor Beendigung des Backens vorsichtig mit Ei oder mit zerlassener Butter bestreichen. Die goldbraun gebackenen Quarktaschen können mit Staubzucker besiebt werden.

Prasselkuchen

Blätterteig nach Grundrezept, 250 g Mehl, 125 g Zucker, 125 g Margarine, Salz, Zitronenglasur.

Den knapp 5 mm stark ausgerollten Blätterteig in etwa 5×10 cm große Rechtecke schneiden, auf ein wasserbenetztes Blech legen und mit Wasser bestreichen. Die aus Mehl, Zucker, Margarine und Salz gekneteten Streusel auf den Blätterteigstücken verteilen. Bei guter Mittelhitze etwa 25 Minuten backen und sofort mit der inzwischen bereiteten Zitronenglasur überziehen. – Die Streuselmasse läßt sich durch die Zugabe von gehackten Mandeln oder Kakao, siehe Streuselkuchen, Seite 61, verändern.

Anastasia-Brezeln

Blätterteig nach Grundrezept, Ei oder Rum,
etwa 50 g süße Mandeln, 4 Stück bittere Mandeln,
Schokoladen-Mürbeteig nach Grundrezept, siehe Seite 8.

Den Blätterteig knapp 5 mm stark ausrollen, vorsichtig mit Ei oder mit Alkohol bestreichen und mit geriebenen Mandeln bestreuen. Eine gleich große Mürbeteigplatte auflegen und gleichmäßige Streifen abschneiden oder -rädeln. Brezeln daraus formen und auf wasserbenetztem Blech bei Mittelhitze backen.

Äpfel im Blätterteigmantel

Blätterteig nach Grundrezept, etwa 8 kleine mürbe Äpfel,
Konfitüre oder Marmelade, 50 g geriebene Nüsse oder Mandeln,
Zuckerglasur.

Den etwa 5 mm stark ausgerollten Blätterteig in Quadrate teilen, die der Apfelgröße entsprechen. Auf jedes Teigstück einen ganzen oder halben geschälten Apfel ohne Kernhaus legen. Konfitüre, Nüsse und nach Wunsch auch etwas Weinbrand vermischen und in die ausgehöhlten Äpfel füllen. Die Teigecken über den Äpfeln zusammenschlagen, aus den Teigabfällen Streifchen rädeln oder runde Plätzchen stechen und damit die Oberfläche verzieren. Auf wasserbenetztem Blech bei Mittelhitze etwa 20 Minuten backen und sofort glasieren. Das Gebäck kann warm oder kalt aufgetragen werden. – Anstelle von Blätterteig eignet sich Mürbe-, Hefe- oder Backpulver-Knetteig, statt Äpfeln auch anderes Obst.

Fleischpastetchen

Blätterteig nach Grundrezept, Hackfleischmasse aus
250 g Hackfleisch, gehackte Petersilie.

Den Blätterteig ausrollen und damit Tortelettförmchen auslegen. Die recht pikant abgeschmeckte Hackfleischmasse mit gehackter Petersilie vermengen und auf dem Teig verteilen. Teigreste zu kleinen runden Scheiben ausstechen und jeweils eine davon als Deckel obenauflegen. Bei Mittelhitze etwa 20 Minuten backen. Mit Zitrone, frischen Kräutern oder Mixed Pickles garniert auftragen.

Fleurons

Blätterteig nach Grundrezept, 1 Ei, 1/2 Teelöffel Paprika.

Den nicht zu dünn ausgerollten Blätterteig zu Halbmonden ausstechen. Ei und Paprika gut verquirlen und damit vorsichtig die auf wasserbenetztem Blech liegenden Halbmonde bestreichen. Bei Mittelhitze etwa 15 Minuten backen. – Fleurons können vor dem Backen auch nur mit Eigelb bestrichen und mit Paprika besiebt werden. Fleurons sind eine beliebte Beilage zur Brühe, aber auch zu Bier oder Wein.

Würstchen im Blätterteig

Blätterteig nach Grundrezept, 4 bis 6 Würstchen, Paprika- oder Tomatenmark, Salzwasser, Kümmel.

Den ausgerollten Blätterteig in Rechtecke schneiden, die der Würstchengröße entsprechen. Jedes Würstchen mit Paprika- oder Tomatenmark bestreichen und mit Teig umhüllen. Auf ein wasserbenetztes Blech legen und mit Salzwasser bestreichen. Kümmel obenaufstreuen und bei Mittelhitze etwa 20 Minuten goldgelb backen.

Kümmelstäbchen

Blätterteig nach Grundrezept, 3 Eßlöffel Kümmel, 1 Teelöffel Salz.

Den etwa 5 mm stark ausgerollten Blätterteig in gleichmäßige Stäbchen von 2×10 cm rädeln oder schneiden und auf ein wasserbenetztes Blech legen. Die Teigstücke mit Eigelb oder Wasser bepinseln und den mit dem Salz vermischten Kümmel obenaufstreuen. Bei Mittelhitze etwa 12 Minuten backen. – Kümmelstäbchen sehen besonders nett aus, wenn sie zu Locken gedreht auf das Blech gelegt werden.

Käsestangen

Blätterteig nach Grundrezept, 1 Ei, 125 g Reibkäse.

Den etwa 5 mm stark ausgerollten Blätterteig mit Ei bestreichen oder nur mit leicht gesalzenem Wasser anfeuchten und mit Reibkäse bestreuen. Die Teigplatte in gleichmäßige Stangen teilen und auf wasserbenetztem Blech bei Mittelhitze etwa 12 Minuten backen.

Edamer Hörnchen

Blätterteig nach Grundrezept, Tomatenmark, Schnittkäse, Kümmel.

Den etwa 5 mm stark ausgerollten Blätterteig mit scharfem Messer in Dreiecke schneiden. Jedes mit knapp einem Teelöffel Tomaten- oder Paprikamark und kleinen Stükken Schnittkäse belegen. Von der Breitseite her zu Hörnchen aufrollen, auf wasserbenetztem Blech mit Ei oder Wasser bestreichen und mit Kümmel bestreuen. Bei kräftiger Mittelhitze goldgelb backen.

Pastetchen

Blätterteig nach Grundrezept, 1 Ei.

Den Blätterteig etwa 5 mm stark ausrollen und in Scheiben von etwa 5 cm Durchmesser teilen. Aus der Hälfte davon das Mittelstück rund ausstechen, so daß in gleicher Anzahl Ringe, kleine und größere Teigplatten vorhanden sind. Die großen Teigscheiben auf ein wasserbenetztes Blech legen. Die Ringe vorsichtig mit Eiweiß bestreichen

und mit dieser Seite auf die Teigscheiben setzen. Die kleinen Teigplatten vorsichtig mit Eigelb bepinseln und möglichst auf einem anderen (des Höhenunterschiedes der einzelnen Gebäckstücke wegen!) wasserbenetzten Blech bei Mittelhitze backen. Die Pastetchen sofort mit einem dick gehaltenen Frikassee oder Ragout oder einer anderen geeigneten Masse füllen und die Deckelchen daraufsetzen. Im voraus gebackene Pastetchen lassen sich bei Bedarf erhitzen.

Holländerschnitten

Blätterteig nach Grundrezept, Konfitüre, Sauerkirschen,
Schlagsahne oder -creme, Zuckerglasur.

Den etwa 5 mm stark ausgerollten Blätterteig in Rechtecke oder Quadrate teilen und auf wasserbenetztem Blech bei Mittelhitze 15 Minuten backen. Die Hälfte der Stücke mit roter Konfitüre bestreichen und mit abgetropften Sauerkirschen belegen. Darauf Schlagsahne oder -creme häufen, seitlich mit breitem Messer glattstreichen, so daß die Sahne die gleiche Form wie das Gebäckstück erhält. Die restlichen, weiß glasierten Blätterteigstücke daraufsetzen und nach Wunsch mit Sahne und Kirschen garnieren.

Apfeltörtchen

Blätterteig nach Grundrezept, 3/8 l Rotwein, Zucker,
abgeriebene Zitronenschale, 30 g Stärkemehl, 1 bis 2 Eier,
abgetropfte Kirschen, gedünstete Apfelhälften,
gehackte Mandeln oder Kokosraspel.

Den etwa 5 mm stark ausgerollten Blätterteig zu Törtchen von 7 cm Durchmesser ausstechen, auf ein wasserbenetztes Blech legen und backen. Den Rotwein mit Zucker und Zitronenschale abschmecken, aufkochen und mit dem in wenig kaltem Wasser angerührten Stärkemehl binden. Das Ei recht flott unterrühren. Auf den Gebäckstücken breitstreichen, Kirschen und Apfelspalten darauf anordnen und mit gehackten Mandeln bestreuen. Die Törtchen können mit heißer Marmelade bestrichen und mit Staubzucker besiebt werden.

Sahne-Kirschtorte

Blätterteig nach Grundrezept, 1 Glas Sauerkirschen,
3/8 l gesüßte Schlagsahne oder -creme, Zuckerglasur.

Den Blätterteig etwa 5 mm stark ausrollen und zwei Tortenböden in Springformgröße ausschneiden. Die kurz in Wasser getauchte Springform zunächst mit einer Teigplatte belegen und 15 bis 20 Minuten bei starker Mittelhitze backen. Mit dem zweiten Blätterteigboden in der gleichen Weise verfahren. Die abgetropften entsteinten Kirschen auf einer Teigplatte verteilen, zwei Drittel der steifen Schlagsahne oder -creme daraufstreichen und den anderen, bereits in Tortenstücke geteilten und glasierten Blätterteigboden auflegen. Mit Sahnetupfen und besonders schönen Kirschen garnieren.

Der Plunderteig

Der Plunderteig ist sowohl dem Hefe- als auch dem Blätterteig verwandt. Am Kaffeetisch begegnet uns Plunderteig meist in Form von appetitlich glänzendem Kleingebäck.

Grundrezept

500 g Mehl, 20 g Hefe, knapp 1/4 l Milch, 80 g Zucker, 250 g Margarine, Salz, Vanillinzucker oder abgeriebene Zitronenschale.

I. Das gesiebte Mehl, die in der lauwarmen Milch verrührte Hefe, Zucker, 50 g Margarine oder Fett und Gewürz zu einem nicht zu weichen Hefeteig verarbeiten. Kühl gestellt rasten lassen. 200 g Margarine oder Butter zwischen zwei Bogen Margarinepapier zu einer rechteckigen Platte ausrollen und ebenfalls kühl stellen, damit sie für die Verarbeitung die gleiche Temperatur wie der Teig bekommt. Den gegangenen Hefeteig zusammenstoßen, rechteckig ausrollen und die Margarineplatte darauflegen. Die Teigränder darüberschlagen und ausrollen. Nochmals dreifach zusammenschlagen und 20 Minuten kalt stellen. Das Ausrollen, Zusammenschlagen und Kaltstellen noch zweimal wiederholen. Anhaftendes Mehl entfernen und erst dann den Teig dem Rezept entsprechend verarbeiten.

II. In der gleichen Weise wie oben beschrieben einen Hefeteig bereiten. Nach dem Gehen zusammenstoßen, rechteckig ausrollen und das mittlere Drittel der Teigplatte mit Margarineflöckchen betupfen. Ein seitliches Drittel darüberschlagen, ebenfalls Margarineflöckchen aufsetzen und das letzte Teigdrittel darüberklappen. Den Teig wie bei I beschrieben weiter behandeln. – Dem Hefeteig kann nach Wunsch 1 Ei zugegeben werden.

Dran gedacht – gut gelungen: Obwohl es sich beim Plunderteig um einen mit Hefe bereiteten Teig handelt, wird er zum Gehen nicht warm, sondern kühl gestellt, damit sich die Margarine oder Butter gut einarbeiten läßt. Als Fülle werden Quarkmassen, Konfitüre, Sultaninen, Korinthen, Nüsse oder Mandeln verwendet. Sollen die Teigstücke vor dem Backen mit Ei bestrichen werden, so ist sehr gewissenhaft darauf zu achten, daß nichts herunterläuft, weil das Gebäck sonst an dieser Stelle nicht plunderig aufgehen kann, und daß die Stücke danach sofort bei Mittelhitze gebacken werden.

Zackenhörnchen

Plunderteig nach Grundrezept, Konfitüre, Marmelade, Zuckerglasur.

Den dünn ausgerollten Plunderteig zu runden Platten von etwa 8 cm Durchmesser oder zu Rechtecken ausschneiden oder ausstechen. Auf die eine Hälfte jedes Teigstückes einen Klecks Konfitüre geben und die andere Teighälfte darüberklappen. Die Teigränder aufeinanderdrücken und an der offenen Seite in knappen Abständen gleich lang einschneiden. Zu Hörnchen geformt auf ein gefettetes Blech legen, nochmals kurz gehen lassen und etwa 20 Minuten bei Mittelhitze backen. Sofort mit erhitzter Marmelade und weißer Zuckerglasur überziehen.

Quarkstangen

Plunderteig nach Grundrezept, 30 g Margarine, 30 g Zucker,
1 Päckchen Vanillinzucker, 1 kleines Ei, abgeriebene Zitronenschale,
175 g Quark, 2 Teelöffel helles Puddingpulver, Sahne oder Milch,
Korinthen, Gelee, Zuckerglasur.

Den ausgerollten Plunderteig in Streifen von etwa 6 cm Breite und 12 cm Länge schneiden. Die Margarine schaumig schlagen und mit den übrigen Zutaten – mit Ausnahme von Gelee und Zuckerglasur – zu einer cremigen Masse verrühren. Auf die Hälfte jedes Teigstückes Quark geben. Die unbestrichene Teighälfte darüberklappen, die offenen Randseiten mit einer Gabel fest aneinanderdrücken. Nach kurzem Gehen auf gefettetem Blech etwa 20 Minuten bei guter Mittelhitze backen. Sofort mit heißem Gelee und weißer Zuckerglasur überziehen. – Anstelle einer Quarkmasse läßt sich auch eine Mohnfülle, siehe Seite 65, verwenden.

Plunderbrezeln

Plunderteig nach Grundrezept, Gelee, weiße Zuckerglasur,
50 g Kokosraspel oder gehackte Mandeln, 3 bittere Mandeln.

Aus dem ausgerollten Plunderteig Streifen von etwa 25 cm Länge und 2 cm Breite schneiden oder rädeln. Zu Brezeln mit zweimal umeinandergeschlungenen Enden formen und nach kurzem Gehen auf gefettetem Blech bei Mittelhitze etwa 20 Minuten backen. Sofort mit erhitztem Gelee und der mit Kokosraspeln und geriebenen Mandeln vermischten Zuckerglasur überziehen.

Plunderstreifen

Plunderteig nach Grundrezept, 75 g Zucker, abgeriebene Zitronenschale,
1 Päckchen Vanillinzucker, 50 g geraspeltes Zitronat, 1 Tasse Korinthen.

Den Plunderteig rechteckig ausrollen. Die übrigen Zutaten untereinandermengen und auf der Hälfte der Teigplatte verteilen. Die freie Teigseite darüberklappen und mit der flachen Hand festdrücken. In schmale Streifen schneiden, auf gefettetem Blech nochmals kurz gehen lassen und bei Mittelhitze etwa 20 Minuten backen. Nach Wunsch mit Zuckerglasur, die mit Vanillinzucker abgeschmeckt wurde, überziehen. – Wird der Teig ohne Zucker bereitet, läßt sich statt süßer Fülle eine herzhafte Hackfleischfülle verwenden.

Käseecken

Ungesüßter Plunderteig nach Grundrezept, 65 g Feinmargarine, 250 g Quark, Salz, Gewürzpaprika, ein wenig Anschovispaste aus der Tube, 1½ Eßlöffel Senf, eine Prise Zucker, 1 Ei, 1½ Teelöffel Stärkemehl.

Den ausgerollten Plunderteig in etwa 8 × 8 cm große Quadrate teilen. Aus den übrigen Zutaten eine pikante Quarkmasse bereiten, nach Wunsch etwas Tomatenmark zusetzen und davon auf jedes Teigstück ein Häufchen geben. Die Quadrate übereck zusammenklappen, so daß Dreiecke entstehen, und die offenen Ränder mit einer Gabel festdrücken. Auf gefettetem Blech nochmals kurz gehen lassen, mit Salzwasser bestreichen und bei Mittelhitze etwa 25 Minuten goldbraun backen.

Plunderpastetchen

Ungesüßter Plunderteig nach Grundrezept, 1 Ei, 1 kleine Dose Büchsenfleisch, 1 kleine Gewürzgurke, 3 bis 4 Eßlöffel Reibkäse, 1 Eßlöffel saure Sahne.

Den Plunderteig ausrollen, kleine Teigplatten und Ringe in gleicher Größe ausstechen. Die Teigscheiben auf ein gefettetes Backblech geben, am Rande vorsichtig mit Eiweiß bestreichen und die Ringe auflegen. Das zerkleinerte Fleisch mit ganz wenig Tunke, Gurkenwürfelchen, Reibkäse und saurer Sahne vermischen, gegebenenfalls noch etwas pikanter abschmecken und jeweils ein Häufchen in die freie Mitte jeder Teigplatte geben. Die Teigoberflächen mit verquirltem Eigelb bestreichen und die Pastetchen bei Mittelhitze etwa 20 Minuten backen. Mit Eischeiben und Petersilie garniert sofort auftragen. – Als Fülle eignet sich auch eine Hackmasse aus Fisch.

Martinshappen

Ungesüßter Plunderteig nach Grundrezept, 200 g Geflügelleber, 50 g Speck, 1 kleine Zwiebel, Salz, Äpfel, 1 Ei.

Den ausgerollten Plunderteig in Ovale schneiden oder stechen. Die Leber in kleinste Würfel schneiden und in dem ebenfalls kleinwürfelig geschnittenen Speck anbraten, dabei die geriebene Zwiebel zugeben. Diese Fleischmasse salzen, nach Wunsch auch pfeffern und auf jeweils eine Hälfte jedes Teigovals etwas Fülle geben, ein Apfelachtel oder -scheibchen darauflegen und die freie Teigplatte überklappen. Auf gefettetem Backblech vorsichtig mit verquirltem Ei bepinseln und bei Mittelhitze etwa 20 Minuten backen. Sofort zu Bier oder einer kräftigen Suppe auftragen.

Der Strudelteig

Strudel sind eine Spezialität, die aus südöstlicher Richtung zu uns gekommen ist. In der benachbarten Tschechoslowakei und in Österreich schätzt man Strudel sehr und weiß sie auch mit besonderem Geschick zuzubereiten. Die Strudel lassen sich sowohl dem Gebäck als auch den Mehlspeisen zuordnen, denn sie sind nicht nur eine beliebte Ergänzung zum Kaffee, sondern sie können – dann allerdings warm aufgetragen – ein Gericht ergeben, zu dem seiner Fülle entsprechend eine süße oder herzhafte Tunke paßt. Frischer Salat oder Obst vervollständigt eine solche Mahlzeit.

Grundrezept I

200 g Mehl, 50 g Grieß, Salz, 1 Eigelb, 50 g Margarine,
6 Eßlöffel saure Sahne, 4 Eßlöffel warmes Wasser.

Mehl und Grieß auf ein Backbrett sieben. In eine Vertiefung in der Mitte Salz (bei pikanten Strudeln etwas mehr als die übliche Prise), Eigelb, flüssige, aber nicht mehr heiße Margarine, Sahne und Wasser, beides lauwarm, geben. Die Zutaten ohne weitere Mehlzugabe so lange kneten, bis der Teig nicht mehr klebt. Zu einer flachen Kugel formen, nach Möglichkeit dünn mit flüssiger Margarine bestreichen, eine Schüssel darüberstülpen und darauf einen Topf mit heißem Wasser stellen. Den Teig bei dieser mäßig warmen Temperatur mindestens 30 Minuten rasten lassen. Nach Rezeptvorschrift verarbeiten. – Anstelle von Mehl und Grieß kann auch nur griffiges Mehl verwendet werden und statt Margarine eignet sich Schweinefett.

Grundrezept II

250 g Mehl, Salz, 1 kleines Ei, 6 Eßlöffel lauwarmes Wasser,
1 Eßlöffel Margarine oder Fett, 1 Teelöffel Essig.

Das Mehl auf ein Brett sieben und in die Mitte eine Vertiefung drücken. Salz, Ei, lau-

warmes Wasser, Margarine und Essig verrührt hineingeben und mit dem Mehl verkneten. In der gleichen Weise wie bei Grundrezept I angegeben rasten lassen. Nach Rezeptvorschrift verarbeiten.
Die Flüssigkeit muß immer zumindest lauwarm sein, damit der Klebergehalt des Mehles leichter wirksam wird.

Dran gedacht – gut gelungen: Für das gute Gelingen eines Strudels ist es vorteilhaft, wenn die Zutaten vor der Teigbereitung nicht zu kalt gestanden haben. Das Mehl soll glatt und recht kleberhaltig sein, damit der Strudel beim Ausziehen nicht reißt. Der Teig selbst darf aber nicht mehr kleben, sondern er soll elastisch und gut dehnbar sein. Die Teigkugel wird nach dem Rasten auf ein bemehltes Tuch gelegt und zunächst von der Mitte her mit dem Nudelholz recht dünn ausgerollt, dann mit der Hand nach allen Seiten hin vorsichtig ausgezogen. Der Strudelteig ist erst dann dünn genug, wenn das Tuchmuster darunter genau zu erkennen ist. Die Fülle darf nicht bis zum äußersten Rand aufgetragen werden, weil der Strudel dann nicht gut zusammenhält. Der Teig wird von der Breitseite her aufgerollt, wobei das Tuch stückweise angehoben wird. Soll der Strudel besonders zart und mürbe werden, wird der Teig auch während des Aufrollens mit zerlassener Margarine bestrichen, so daß beide Seiten des Teiges fettig sind. Mit Hilfe des Tuches läßt sich der Strudel auf das gut gefettete Backblech legen. Die Oberfläche wird mit flüssiger Margarine, notfalls auch nur mit Milch, bestrichen, bevor der Strudel in die heiße Röhre geschoben und bei kräftiger Mittelhitze gebacken wird. Süße Strudel werden gern dick mit Staubzucker besiebt. Für das Schneiden wird ein scharfes Messer gebraucht. Weniger Mühe machen kleine Strudel, die in der gleichen Weise wie die großen bereitet werden. Die kleinen Strudel lassen sich aber leichter aufrollen und auf das Blech legen. Sie werden nach dem Backen als Portionsstrudel aufgetragen.

Apfelstrudel

Strudelteig nach Grundrezept, 80 g Margarine, 100 g geriebene Semmel, 750 g Äpfel, etwa 100 g Zucker, $^1/_2$ Teelöffel Zimt, 50 g Sultaninen oder Korinthen, 30 g gehackte Mandeln oder Nüsse, 1 Eßlöffel Weinbrand oder Rum.

Auf dem vorschriftsmäßig ausgezogenen Strudelteig die in etwa 30 g Margarine gerösteten Semmelbrösel verteilen. Die ohne Schale und Kernhaus geraspelten Äpfel mit Zimtzucker, Sultaninen, Mandeln und Weinbrand vermischen und auf der Teigplatte breitstreichen. Den aufgerollten Teig mit der restlichen Margarine bepinseln und etwa 25 Minuten bei kräftiger Mittelhitze goldbraun backen. Nach Wunsch mit Staubzucker besieben. – Anstelle frischer, geraspelter Äpfel kann Apfelmus, zusätzlich mit 1 bis 2 Eßlöffel Stärkemehl verrührt, verwendet werden.

Weichselstrudel

Strudelteig nach Grundrezept, 80 g Margarine, 80 g geriebene Semmel, 1 kg Sauerkirschen, 125 g Staubzucker, $^1/_2$ Teelöffel Zimt.

Auf dem vorschriftsmäßig ausgezogenen Strudelteig die in der Hälfte der Margarine gerösteten Semmelbrösel verteilen. Die Sauerkirschen möglichst entkernen und mit dem Zimt-Staubzucker vermischen. Den Strudelteig damit belegen, aufrollen und auf gefettetem Blech mit der restlichen Margarine bestreichen. Bei kräftiger Mittelhitze etwa 25 Minuten backen. Nach Wunsch mit Staubzucker besieben.

Quarkstrudel

Strudelteig nach Grundrezept, 125 g Margarine, 65 g geriebene Semmel, 85 g Zucker, 1 Päckchen Vanillinzucker, 1 Ei, 650 g Quark, 2 Eßlöffel Stärkemehl, Salz, abgeriebene Zitronenschale, 65 g Sultaninen oder Korinthen, vanillierter Staubzucker.

Den vorschriftsmäßig ausgezogenen Strudelteig mit etwa 40 g zerlassener Margarine bestreichen und mit geriebener Semmel bestreuen. Etwa 65 g Margarine schaumig schlagen, Zucker, Vanillinzucker, Ei, durchgestrichenen Quark, Stärkemehl, Gewürz und zuletzt die vorbereiteten Sultaninen zugeben und unterrühren. Mit dieser Quarkmasse knapp zwei Drittel der Teigplatte bestreichen und von dieser Seite her aufrollen. Wird die gesamte Teigplatte bestrichen, ist die Gefahr des Reißens besonders groß, da der Quark zu quellen beginnt. Mit der restlichen zerlassenen Margarine bestreichen und bei kräftiger Mittelhitze etwa 30 Minuten goldbraun backen. Sofort mit vanilliertem Staubzucker besieben. Recht trockener Quark wird vor dem Durchstreichen mit ein wenig Sahne oder Milch geschmeidig gerührt.

Pflaumenstrudel

Strudelteig nach Grundrezept, 80 g Margarine, 80 g geriebene Semmel, 2 Tassen Pflaumenmus, 50 g gehackte Mandeln, 375 g Pflaumen, ½ Teelöffel Zimt, 50 g Zucker.

Den vorschriftsmäßig ausgezogenen Strudelteig mit den in der Hälfte der Margarine gerösteten Semmelbröseln bestreuen. Das Pflaumenmus darauf breitstreichen. Gehackte Mandeln, kleinwürfelig geschnittene Pflaumen, Zimt und Zucker vermengen und auf dem Mus verteilen. Aufrollen und auf gefettetem Blech mit der restlichen Margarine bestreichen. Bei guter Mittelhitze 25 Minuten goldbraun backen. Nach Wunsch mit Staubzucker besieben.

Anstelle von Äpfeln, Pflaumen oder Sauerkirschen lassen sich für die Bereitung von Strudeln auch andere Obstarten – frisch oder gedünstet und recht gut abgetropft – verwenden.

Kleine Strudel

Strudelteig nach Grundrezept, Fülle siehe vorangegangene Strudel, Margarine, 2 bis 4 Eßlöffel Milch, Staubzucker.

Den Strudelteig in vier bis sechs Portionen teilen und jedes Teigstück einzeln ausrollen und ausziehen. In der oben angegebenen Weise füllen, aufrollen und in eine gut gefettete Pfanne legen. Die Strudel mit zerlassener Margarine bestreichen und mit der lauwarmen Milch übergießen. In der heißen Herdröhre backen. Sofort mit Staubzucker besieben und warm oder erkaltet auftragen.

Krautstrudel

Strudelteig nach Grundrezept, 100 g Speck, 75 g geriebene Semmel, 500 g Sauerkraut, 250 g geraspelte Äpfel, 1 kleine Zwiebel, 20 g Feinmargarine.

Auf den vorschriftsmäßig ausgezogenen Strudelteig einen Teil der ausgelassenen Speckwürfelchen und die geriebene Semmel geben. Das grobgehackte Sauerkraut, die geraspelten Äpfel, die geriebene Zwiebel und die übrigen Speckwürfelchen untereinandermengen und auf dem Teig verteilen. Aufrollen, auf gefettetem Blech mit zerlassener Feinmargarine bestreichen und bei kräftiger Mittelhitze etwa 25 Minuten goldbraun backen. Sofort in Scheiben schneiden und mit Tomaten-, Pilz- oder Fleischtunke auftragen.

Fischstrudel

In der gleichen Weise wie Fleischstrudel, siehe Seite 86, bereiten.

Der Geschmack wird besonders fein, wenn unter die Fülle frischer gehackter Dill gegeben oder eine Dilltunke dazu gereicht werden kann.

Fleischstrudel

Strudelteig nach Grundrezept, 500 g Hackfleisch, 2 kleine Zwiebeln, 1 Ei, 1 Teelöffel Salz, ½ Teelöffel Paprika, abgeriebene Zitronenschale, 1 Eßlöffel gehackte Kapern oder Petersilie, 4 Eßlöffel saure Sahne oder Wasser, 25 g Feinmargarine.

Den vorschriftsmäßig ausgezogenen Strudelteig mit der aus den übrigen Zutaten – mit Ausnahme der Feinmargarine – bereiteten Fülle bestreichen. Aufrollen und auf gefettetem Blech mit der zerlassenen Feinmargarine bepinseln. Bei kräftiger Mittelhitze etwa 25 Minuten goldbraun backen. Warm mit einer pikanten Tunke auftragen.

Kartoffelstrudel

1 kg gekochte Kartoffeln, 150 g Kartoffelmehl, 1 Ei, Salz, 50 g Margarine oder Fett, 75 g geriebene Semmel, 80 g grober Zucker, 50 g Kokosraspel, 4 bittere Mandeln.

Die geriebenen Kartoffeln, Kartoffelmehl, Ei und Salz rasch verkneten, ausrollen und mit den in der Hälfte der Margarine gerösteten Semmelbröseln bestreuen. Zucker, Kokosraspel und geriebene Mandeln mischen und auf der Teigfläche verteilen. Aufgerollt auf ein gefettetes Backblech legen, mit der restlichen Margarine bestreichen und bei Mittelhitze etwa 25 Minuten goldbraun backen.

Ungefüllter Zopfstrudel

300 g Mehl, 1 Teelöffel Backpulver, 100 g Zucker, 1 Päckchen Vanillinzucker, Salz, 75 g Margarine, 2 Eier, 2 Eßlöffel Rum, Feinmargarine, Staubzucker, Zimt.

Das Mehl mit Backpulver, Zucker, Gewürz, Margarine, Eiern und Rum verarbeiten. Aus dem Teig drei gleich große Rollen formen und zum Zopf verflechten. Auf gefettetem Blech mit Feinmargarine bestreichen; bei Mittelhitze etwa 30 Minuten backen. Obenauf mit Zimtzucker besieben.

Strudelschnecken

150 g Quark, etwa 6 Eßlöffel Milch, 5 Eßlöffel Öl, 125 g Zucker, 1 Päckchen Vanillinzucker, Salz, 300 g Mehl, 250 g Stärkemehl, 25 g Margarine, je 75 g Sultaninen und Korinthen, 50 g gehackte Mandeln.

Quark, Milch und Öl verrühren, sofern das nicht elektrisch geschieht, durchstreichen und mit der Hälfte des Zuckers und dem Gewürz gründlich verschlagen. Das gesiebte Mehl unterarbeiten und den Teig zu einer rechteckigen Platte ausrollen. Mit zerlassener Margarine bestreichen. Den restlichen Zucker, Sultaninen, Korinthen und Mandeln untereinandermischen und auf die Teigplatte streuen. Aufrollen und in etwa 2 cm starke Scheiben schneiden. Auf gefettetem Blech bei Mittelhitze 20 Minuten backen.

Die Mandelmasse

Aus Mandel- oder Makronenmasse entsteht ein besonders beliebtes Gebäck. Die Rezepte dazu werden gern vor Feiertagen herausgesucht, weil sich diese Teigart gut im voraus backen läßt und, richtig aufbewahrt, besser als manches andere Gebäck haltbar bleibt.

Grundrezept

2 Eiweiß, Salz, 75 bis 100 g Staubzucker, 125 g geriebene süße Mandeln, 3 bis 5 Stück geriebene bittere Mandeln, 1/2 Päckchen Vanillinzucker oder ein wenig abgeriebene Zitronenschale.

Die leicht gesalzenen Eiweiß nahezu steif schlagen, erst dann nach und nach den gesiebten Staubzucker zugeben. Die geriebenen Mandeln und das Gewürz nur noch locker unterheben. Nach Rezeptvorschrift verarbeiten. – Anstelle der süßen Mandeln lassen sich Nüsse oder Kokosraspel verwenden, die bitteren Mandeln sind aber möglichst nicht wegzulassen oder können durch einige Tropfen Bittermandelöl ersetzt werden.

Dran gedacht – gut gelungen: Da die Mandelmasse nicht mit einem Triebmittel, sondern nur mit Eischnee gelockert wird, darf die Zubereitung keinerlei Unterbrechungen erfahren. Steifer Eischnee fällt rasch zusammen und erlangt seine lockere Beschaffenheit nicht wieder. Bei Vorhandensein größerer Eiweißmengen läßt sich diese Masse statt mit Mandeln, Nüssen oder Kokosraspeln auch mit Haferflocken, Grieß oder Semmelbröseln bereiten. Bei Haferflocken ist es ratsam, sie leicht abzusieben und grob zu hacken. Da ihnen das Mandeln, Nüssen oder Kokosraspeln eigene Fett fehlt, werden sie in zerlassener Margarine geröstet, bevor sie zum Eischnee kommen. Das trifft auch für Grieß und Semmelbrösel zu. Die Masse wird auf einem gefetteten, mit Mehl bestäubten Blech bei mäßiger Hitze – etwa 150 Grad – gebacken. Der sehr zarte Teig wird gern auf eine Unterlage gegeben, dafür eignen sich Oblaten, Zwiebäcke, Waffelbrotscheiben, aber auch dünn ausgerollte Knetteige aller Art. Mandelgebäck hält sich nur dann längere Zeit, wenn es völlig durchgebacken ist. Es wird am zweckmäßigsten in einer verschließbaren Dose aufbewahrt. Die Haltbarkeit des Inhalts ist allerdings ständig zu prüfen.

Mandelmakronen

Mandelmasse nach Grundrezept.

Die Mandelmasse entweder mit zwei Teelöffeln oder mit dem Spritzbeutel in nicht zu dichten Abständen auf dem vorbereiteten Blech verteilen. Die Makronen bei schwacher Mittelhitze goldgelb backen. – Die Mandelmasse kann auch auf Oblaten (im Handel erhältlich) oder auf gefettetes, bemehltes Papier gegeben werden. Bei Verwendung von Papier die gebackenen Makronen auf ein feuchtes Tuch setzen, damit sich das Papier leichter abziehen läßt.

Nuß- oder Kokosmakronen

Mandelmasse nach Grundrezept, aber mit geriebenen Nüssen oder Kokosraspeln bereitet.

In der gleichen Weise wie Mandelmakronen bereiten. Wenn möglich, jede Makrone vor dem Backen mit einer Haselnuß garnieren.

Fruchtmakronen

Mandelmasse nach Grundrezept, 30 g Zitronat, 25 g Sultaninen, 1/2 Teelöffel Zimt.

Unter die fertige Mandelmasse die recht fein zerkleinerten Trockenfrüchte und den Zimt ziehen. Wie Mandelmakronen backen. – Die Trockenfrüchte können durch einen Eßlöffel Marmelade oder Fruchtmark ersetzt werden. Dann in jedes ungebackene Makronenhäufchen eine leichte Vertiefung drücken und einen Klecks Marmelade hineingeben.

Schokoladenmakronen

Makronenmasse nach Grundrezept, 3 Teelöffel Kakao.

Bei der Bereitung der Mandelmasse zusammen mit dem Staubzucker den Kakao sieben. Wie Mandelmakronen weiter verarbeiten. Für diese dunklen Makronen können anstelle von Mandeln sehr gut Walnüsse oder ungehäutete Haselnüsse verwendet werden. – Schokoladenmakronen entstehen auch, wenn helle Makronen mit einer Lukullusmasse oder Schokoladen-Fettglasur ganz oder zur Hälfte überzogen werden. – Unter die Mandelmasse lassen sich auch ganz kleine Schokoladenwürfel mengen.

Zimthäufchen

2 Eiweiß, 125 g feiner Zucker, Salz, 1/2 Teelöffel Zimt, 150 g geriebene Mandeln.

Eischnee, Zucker und eine Prise Salz recht schaumig rühren (mit der Hand etwa 20 Minuten), mit Zimt und geriebenen Mandeln verarbeiten. Häufchenweise auf ein gefettetes, bemehltes Blech geben und bei mäßiger Hitze etwa 15 Minuten backen. – Die Masse kann als 5 mm starke Platte gebacken und sofort in Stücke geschnitten werden.

Mandelbogen

Oblatenstreifen, Mandelmasse nach Grundrezept, 30 g Mandelsplitter.

Die Oblatenstreifen auf ein vorbereitetes Blech legen, mit der Mandelmasse bestreichen und mit Mandelsplittern bestreuen. Bei schwacher Mittelhitze etwa 15 Minuten backen. Sofort auf ein Roll- bzw. Nudelholz oder auf eine Flasche legen, damit sich die glatten Streifen während des Erkaltens leicht wölben.

Suppenmakrönchen

1 Eiweiß, Salz, 30 g Zucker, 50 g Mandeln,
darunter 2 bis 3 Stück bittere, 15 g geriebene Semmel.

Eiweiß und eine Prise Salz steif schlagen, Zucker, geriebene Mandeln und die möglichst gesiebten Semmelbrösel unterziehen. Etwa kirschgroße Makrönchen auf ein gefettetes, bestäubtes Blech spritzen und bei schwacher Mittelhitze goldgelb backen. Diese Makrönchen werden als Einlage für Suppen und Kaltschalen verwendet.

Haferflockenmakronen

80 g Margarine, 225 g Haferflocken, 125 g Zucker, 2 Eier, Salz,
1/2 Teelöffel abgeriebene Zitronenschale, 65 g Mehl, 1/2 Päckchen Backpulver.

In etwa 30 g Margarine die möglichst abgesiebten Haferflocken leicht rösten, dabei 30 g Zucker zugeben. Die übrige Margarine und den Zucker schaumig schlagen, nacheinander Eier und Gewürz zufügen. Das zusammen mit dem Mehl gesiebte Backpulver und die gerösteten Haferflocken unterarbeiten. Von dem Teig kleine Häufchen auf ein gefettetes, bemehltes Blech setzen. Bei Mittelhitze etwa 15 Minuten backen. – Diese Makronen können ganz oder nur zur Hälfte mit beliebiger Glasur überzogen werden.

Makronenplätzchen

Mürbeteig nach Grundrezept, siehe Seite 8.
Mandelmasse nach Grundrezept, Konfitüre, Rumglasur.

Den Mürbeteig dünn ausrollen, runde oder eckige Plätzchen ausstechen und auf ein leicht gefettetes Blech legen. Abwechselnd mit Mandelmasse und Konfitüre bespritzen und bei mäßiger Mittelhitze goldgelb backen. Sofort mit Rumglasur überziehen.

Nußbissen

3 Eiweiß, Salz, 150 g Staubzucker, 175 g geriebene Nüsse,
1 Teelöffel Zimt oder 1 Päckchen Vanillinzucker.

Die leicht gesalzenen Eiweiß zu steifem Schnee schlagen und mit dem gesiebten Staubzucker etwa 20 Minuten verrühren. Von dieser schaumigen Masse mindestens zwei Eßlöffel zurückbehalten und kalt stellen. Erst dann die geriebenen Nüsse und den Zimt zugeben. Den gut verarbeiteten Teig auf einem leicht bemehlten Backbrett mit dem Rollholz so flach drücken, daß er knapp fingerhoch ist. Kleine beliebige Formen aus-

stechen und auf ein gefettetes, bemehltes Blech legen. Mit der zurückbehaltenen Schaummasse verzieren oder bestreichen und bei mäßiger Mittelhitze etwa 15 Minuten backen. Die Nußbissen sind vorzüglich und werden weniger als Backwerk, sondern mehr als Konfekt aufgetragen.

Peterschnittchen

Mürbeteig nach Grundrezept II, siehe Seite 8, Mandelmasse nach Grundrezept, 1 Eigelb, 200 g Mehl, 100 g Zucker, 100 g Margarine, Salz.

Die nicht zu dünn ausgerollte Mürbeteigplatte in Rechtecke oder Quadrate teilen. Jedes Teigstück erst mit Mandelmasse, dann mit verquirltem Eigelb bestreichen und mit den aus den übrigen Zutaten bereiteten Streuseln bekrümeln. Auf gefettetem Blech bei Mittelhitze etwa 20 Minuten backen. – Werden die Schnittchen ohne Streusel bereitet, dann können sie nach dem Backen mit einer Rumglasur überzogen werden.

Doppeldecker

Mürbeteig nach Grundrezept, siehe Seite 8, Konfitüre, Mandelmasse nach Grundrezept, Zitronen- oder Rumglasur.

Den dünn ausgerollten Mürbeteig in schmale Rechtecke teilen. Die Hälfte dieser Teigstücke mit Konfitüre und Mandelmasse bestreichen. Die freien Teigstücke darauflegen und bei Mittelhitze goldgelb backen. Mit Zitronen- oder Rumglasur überziehen.

Kokosschiffchen

Mandelmasse nach Grundrezept, jedoch nicht mit geriebenen Mandeln, sondern mit Kokosraspeln bereitet, entsteinte Datteln, Schokoladenglasur, siehe Seite 142.

Kleine Schiffchenformen fetten und mit Mehl ausstäuben. Die Kokosmasse einfüllen und in jedes Förmchen zwei entsteinte Datteln stecken. Bei mäßiger Mittelhitze goldgelb backen und sofort ganz oder nur teilweise mit Schokoladenglasur überziehen.

Leipziger Lerchen

Siehe Seite 14.

Einfacher Makronenkuchen

1 Tasse Grieß, 1 Tasse Haferflocken, 1 Tasse geriebene Semmel, knapp 1 Tasse Zucker, 1 Tasse gekochte geriebene Kartoffeln, 1 Tasse Milch, Salz, 2 Eier, 4 Eßlöffel erhitztes, abgekühltes Fett, 1 Eßlöffel Mehl, 1/2 Päckchen Backpulver, 5 bittere Mandeln, Marmelade.

Grieß, abgesiebte Haferflocken, geriebene Semmel, Zucker und geriebene Kartoffeln locker untereinandermengen. Nach und nach Milch, Salz, Eier, Fett, das mit dem Backpulver gesiebte Mehl und die geriebenen bitteren Mandeln unterarbeiten. Den Teig in eine gefettete Form füllen und bei Mittelhitze goldgelb backen. Nach dem Erkalten ein- oder zweimal quer durchschneiden und, mit Marmelade oder Schokoladen-Fettglasur gefüllt, wieder zusammensetzen.

Makronenkuchen

Siehe Seite 63.

Bienenstich

Siehe Seite 64.

Kokos-Makronentorte

Siehe Seite 34.

Mandeltörtchen

80 g Margarine, 100 g Mehl, 3 Eiweiß, Salz, 125 g Staubzucker, 100 g geriebene süße Mandeln oder Nüsse, darunter 4 Stück bittere Mandeln.

Unter die schaumig geschlagene Margarine das gesiebte Mehl rühren. Das leicht gesalzene Eiweiß steif schlagen, den gesiebten Staubzucker und die geriebenen Mandeln unterziehen. Vorsichtig unter die Margarinemasse heben. In flache gefettete, ausgestäubte Förmchen füllen und bei Mittelhitze etwa 15 Minuten backen. – Die Förmchen können mit recht dünn ausgerolltem Mürbeteig ausgelegt und die Törtchen nach dem Backen mit einer Zitronen- oder Rumglasur überzogen werden.

Mandeltorte

Mürbeteig nach Grundrezept aus 300 g Mehl, siehe Seite 8, Konfitüre, 3 Eßlöffel Sultaninen, Mandelmasse nach Grundrezept, beliebige Glasur, einige Mandelhälften.

Aus dem dünn ausgerollten Mürbeteig zwei Platten in Springformgröße ausstechen. Eine Platte in die vorbereitete Springform legen, mit Konfitüre bestreichen und mit vorbereiteten Sultaninen bestreuen. Die Mandelmasse daraufgeben, aus der zweiten Teigplatte kleine Motive ausstechen, die Mandelmasse damit bedecken und bei Mittelhitze etwa 50 Minuten backen. Die Torte mit beliebiger Glasur überziehen. Zuckerglasur- oder Konfitürentupfen aufspritzen und darauf jeweils eine Mandelhälfte stecken. – Anstelle der Mürbeteigböden sind Karlsbader Oblaten verwendbar, dann ist die Backzeit etwa 30 Minuten kürzer.

Frucht-Makronentorte

1 Mürbeteigboden, 3 bis 4 Eßlöffel Aprikosenkonfitüre, Südfrüchte, Mandelmasse nach Grundrezept, Schokoladen-Fettglasur, siehe Seite 142.

Den gebackenen Mürbeteigboden mit Aprikosenkonfitüre, die nach Wunsch mit ein wenig Rum oder Weinbrand verrührt worden sein kann, bestreichen und mit Südfruchtscheibchen belegen. Die Mandelmasse darauf verteilen und bei mäßiger Hitze etwa 25 Minuten backen. Mit Schokoladenglasur überziehen und möglichst mit Mandel- und Südfruchtscheibchen garnieren.

Die Brandmasse

Die Brandmasse könnte auch Eiermasse heißen, denn es gibt kaum ein anderes Gebäck, bei dem die Eier so deutlich herauszuschmecken sind. Bei genauer Beachtung der Rezepte gelingt Brandteig auch dann, wenn noch wenig praktische Erfahrungen gesammelt worden sind.

Grundrezept I

3/8 l Wasser, Salz, 100 g Margarine, 200 g Mehl, 4 bis 5 Eier.

Wasser, eine Prise Salz und Margarine aufkochen, das gesiebte Mehl zuschütten und auf kleiner Flamme so lange rühren, bis sich die Masse vom Topfboden löst und einen Kloß bildet. Vom Feuer nehmen und nach leichter Abkühlung zunächst 1 Ei recht flott unterschlagen. Erst wenn es vom Teig vollkommen aufgenommen worden ist, nacheinander die übrigen Eier unterrühren. Die Masse muß glatt und geschmeidig sein, bevor sie nach Rezeptvorschrift verarbeitet wird.

Grundrezept II

6 Eßlöffel Milch, 6 Eßlöffel Wasser, 50 g Margarine, Salz, 180 g Mehl, 4 Eier, 1/2 Teelöffel Hirschhornsalz, 2 Eßlöffel Weinbrand oder Rum.

Milch, Wasser, Margarine und eine Prise Salz aufkochen, das gesiebte Mehl zuschütten und auf kleiner Flamme so lange rühren, bis sich die Masse vom Topfboden löst und

einen Kloß bildet. Vom Feuer nehmen und nach leichter Abkühlung 1 Ei unterschlagen. Erst wenn es vom Teig vollkommen aufgenommen worden ist, nacheinander die übrigen Eier unterrühren, zuletzt das im Weinbrand verrührte Hirschhornsalz zugeben. Die glatte, geschmeidige Masse nach Rezeptvorschrift weiterverarbeiten.

Dran gedacht – gut gelungen: Damit das fertige Gebäck nicht nur recht locker, sondern innen auch noch hohl wird, bekommt die eierreiche Brandmasse gar keinen oder zumindest keinen beträchtlichen Zuckerzusatz und wird mit ganz trockenem, gesiebtem Mehl bereitet. Das Gebäck soll während des Backens die gewünschte Form behalten und darf nicht breitlaufen, deshalb darf die Masse nicht zu weich sein. Ungeübte befürchten oft, daß das auf einmal zugeschüttete Mehl klumpen könnte. In diesem Falle kann entweder nur die Hälfte der Flüssigkeit mit der Margarine aufgekocht werden, während die übrige Flüssigkeit mit dem Mehl angerührt und langsam zugegeben wird, oder Mehl und Margarine werden verknetet und auf kleiner Flamme unter ständigem Rühren mit der kochenden Flüssigkeit aufgefüllt. Wird einer Brandmasse eine Prise Zucker zugesetzt, so bekommt das Gebäck eine appetitlichere Farbe. Brandmasse kommt in den vorgeheizten Ofen und braucht im allgemeinen etwa 25 Minuten gute Mittelhitze, also etwa 200 Grad, zum Backen. Sie ist sehr empfindlich und verträgt weder Zugluft noch Erschütterungen. Deshalb kann erst gegen Ende der Backzeit in den Ofen gesehen werden, wobei vorsichtig ein wenig warmes Wasser auf das Blech gespritzt werden darf. In einem dichtschließenden Gefäß hält sich Brandteiggebäck, selbstverständlich ungefüllt und unglasiert, zwar einige Tage, schmeckt aber frischbacken am besten. Da es sich bei Brandmasse um einen ungesüßten Teig handelt, eignet sich für dieses Gebäck sowohl eine herzhafte als auch eine süße Fülle oder Glasur.

Windbeutel

Brandmasse nach Grundrezept, süße oder herzhafte Fülle.

Die Brandmasse in einen Spritzbeutel mit großer Tülle füllen und in nicht zu knappen Abständen als Häufchen von etwa 4 cm Durchmesser auf ein leicht gefettetes, bemehltes Backblech spritzen. Bei Mittelhitze etwa 20 Minuten goldgelb backen. Auf dem Blech erkalten lassen und von jedem Windbeutel ein Deckelchen abschneiden. Die unteren Teile süß oder herzhaft füllen, die Deckelchen aufsetzen und süß gefüllte Windbeutel mit Staubzucker besieben oder mit Schokoladenglasur überziehen. Als Fülle eignen sich Schlagsahne, Schlagcreme, Vanillecreme, Buttercreme, Schokoladencreme, Weinschaumcreme, Käsecreme, siehe Seite 135 bis 138, süß oder pikant abgeschmeckte Quarkcreme, Frikassee oder Ragout.

Eclairs (Liebesknochen)

Brandmasse nach Grundrezept, Vanille- oder Buttercreme, siehe Seite 136, Zuckerglasur.

Die Brandmasse in einen Spritzbeutel mit großer Tülle füllen und damit etwa 10 cm lange Streifen auf ein leicht gefettetes, bemehltes Backblech spritzen. Bei starker Mittelhitze 20 Minuten goldgelb backen. Auf dem Blech erkalten lassen und erst dann jedes Gebäckstück längs aufschneiden. Die unteren Hälften mit Creme füllen, die oberen Hälften nach dem Glasieren daraufsetzen. Das Gebäck sieht besonders nett aus, wenn die auf das Blech gespritzten Teigstreifen mit einer Zickzacklinie aus Brandmasse bespritzt werden. – Eclairs können auch wie Spritzringe in siedendem Fett schwimmend ausgebacken werden, siehe Seite 103.

Spritzringe

Siehe Seite 103.

Beutelchen

Brandmasse nach Grundrezept, vanillierter Staubzucker.

Die Brandmasse mit zwei Teelöffeln häufchenweise in nicht zu dichten Abständen auf ein gefettetes, bemehltes Backblech setzen und bei kräftiger Mittelhitze goldgelb backen. Dick mit vanilliertem Staubzucker besieben und auf dem Blech erkalten lassen.

Käsekugeln

Brandmasse nach Grundrezept, 40 g Reibkäse, 1/2 Teelöffel Paprika.

Der Brandmasse geriebenen Käse und Paprika zusetzen und mit zwei Teelöffeln kleine Häufchen auf ein gefettetes, bemehltes Backblech setzen. Bei Mittelhitze in knapp 15 Minuten goldgelb backen. Käsekugeln eignen sich zum Garnieren einer Käse- oder Salatplatte, aber auch als Suppeneinlage bzw. -beilage.

Die Hippenmasse

Ein Backbuch wäre unvollständig, würde die Hippenmasse fehlen. Vermutlich wird sie aber nur von solchen Backlustigen gesucht, die schon fast perfekt sind. Denn Hippen sind eine Spezialität, die bei der Bereitung rasches Arbeiten verlangt und mehr oder weniger als Näscherei gilt. Hippen sind vor allem als Beilage zu den verschiedensten Eisspezialitäten oder einem süßen Nachtisch sehr beliebt.

Grundrezept

4 Eiweiß, Salz, 80 g Mehl, 80 g Staubzucker,
1/2 Päckchen Vanillinzucker, etwa 4 Eßlöffel Milch oder Sahne.

Die leicht gesalzenen Eiweiß steif schlagen. Mehl, Staubzucker und Vanillinzucker sieben und nach und nach unter den Eischnee ziehen, zuletzt die Milch oder Sahne zugeben. Die Masse nach Rezeptvorschrift verarbeiten.

Dran gedacht – gut gelungen: Die Hippenmasse ist streichfähig, für einen Teig also verhältnismäßig dünn. Am einfachsten ist es, sie etwa 2 mm stark auf ein gefettetes, bemehltes Blech zu streichen und sie sofort nach dem Backen in Stücke zu schneiden. Da die Masse während des Backens breitläuft, soll sie nicht ganz bis zum Blechrand aufgestrichen werden. Das Gebäck erhält von vornherein die gewünschte Form, wenn eine Schablone verwendet wird. Sie läßt sich aus Pappe herstellen. Dazu wird aus einem rechteckigen Stück Karton die gewünschte Form ausgeschnitten. Die Backhitze soll etwa 200 Grad betragen, also einer kräftigen Mittelhitze entsprechen. Damit beim Backen keine dunklen Ränder an den Hippen entstehen, wird Hippenmasse in zwei Etappen gebacken, d. h. kurz vor Beendigung der Backzeit wird das Blech zum Abdampfen herausgenommen und dann noch einmal kurz in die heiße Röhre geschoben. Mit einem breiten Messer läßt sich Hippengebäck gut vom Blech abheben. Solange es noch heiß ist, kann dieses Gebäck gebogen und sogar aufgerollt werden. Nach völligem Erkalten ist es sehr schön knusprig und bei trockener Aufbewahrung – in einer gut schließenden Dose – behält es diese Konsistenz auch. Durch Luftfeuchtigkeit wird es allerdings weich und sogar zäh.

Hobelspäne

Hippenmasse nach Grundrezept.

Die Hippenmasse in recht schmalen Streifen auf ein gefettetes, bemehltes Backblech streichen, bei Mittelhitze in zwei Etappen backen und sofort um einen Quirlstiel drehen, so daß ein Spänen ähnliches Gebäck entsteht.

Zimthippen

Hippenmasse nach Grundrezept, 1/2 Teelöffel Zimt.

Den Zimt möglichst schon bei der Teigbereitung mit dem Mehl sieben,andernfalls unter die fertige Masse rühren. Entweder mit Hilfe einer Schablone oder eines Spritzbeutels auf dem gefetteten, bemehlten Blech verteilen oder nur breitstreichen und dann sofort heiß in Stücke schneiden. In zwei Etappen etwa 10 Minuten bei kräftiger Mittelhitze backen. – Anstelle von Zimt läßt sich gemahlener Ingwer oder abgeriebene Zitronenschale verwenden.

Mokkahippen

Hippenmasse nach Grundrezept, 1 Teelöffel Kaffeepulver (Presto).

Die Hippenmasse mit Kaffeepulver verrühren und in der gleichen Weise wie Zimthippen backen. – Mokkahippen entstehen auch dann, wenn einfache Hippen mit Mokkaglasur überzogen oder garniert werden.

Schokoladenhippen

Hippenmasse nach Grundrezept, 1 1/2 Eßlöffel Kakao, 25 g geriebene Nüsse oder Mandeln.

Unter die Hippenmasse Kakao und Nüsse mischen, den Kakao möglichst schon mit dem Mehl sieben. In der gleichen Weise wie Zimthippen backen. – Die Hippenmasse kann auch ohne Kakaozusatz bereitet und gebacken werden. Dann die Hippen mit Lukullusmasse, siehe Seite 133, oder mit Schokoladenglasur überziehen oder garnieren.

Zitronenhippen

Hippenmasse nach Grundrezept, 1 Teelöffel abgeriebene Zitronenschale, Zitronenglasur.

Die Hippenmasse mit abgeriebener Zitronenschale würzen und backen. Sofort auf dem Rollholz wölben und die Innenseite jeder Hippe mit Zitronenglasur beträufeln.

Mandel- oder Nußhippen

Hippenmasse nach Grundrezept, 30 g süße Mandeln oder Nüsse, 5 Stück bittere Mandeln, 1 Eiweiß.

Unter die Hippenmasse die geriebenen Mandeln und das Eiweiß geben und in der gleichen Weise wie Zimthippen backen. Wenn gewünscht, vor dem Backen mit Mandelsplittern bestreuen.

Käsetörtchen · Kokos-Makronentorte

Biskuitrolle · Biskuitplätzchen

Quarktorte · Bienenstich

Rhabarberkuchen · Kleckselkuchen

Kartoffelhefezopf · Osterhäschen · Osterkranz

Stollen · Mohnrolle

Würstchen im Blätterteig · Tomaten-Käsetorte

Zweifarbiger Streuselkuchen · bunter Mohnkuchen

Hopser

Hippenmasse nach Grundrezept, Weinschaumcreme, siehe Seite 17.

Die Hippenmasse mit Hilfe eines Spritzbeutels als kleine Punkte nicht zu dicht auf ein gefettetes, bemehltes Blech spritzen. In der gleichen Weise wie Zimthippen backen. Auf jede Hippe einen Klecks Weincreme spritzen und möglichst mit einer Frucht (Weinbeere, Erdbeere) garnieren.

Gefüllte Hippen

Hippenmasse nach Grundrezept, 70 g Butter oder Feinmargarine,
50 g Zucker, 1 Eigelb, 50 g geriebene Haselnüsse
oder Kokosraspel, 1 Eßlöffel Weinbrand.

Die Hippenmasse auf gefettetem, bemehltem Blech nicht ganz bis an den Rand streichen, da die Masse breitläuft. Bei kräftiger Mittelhitze in zwei Etappen etwa 15 Minuten backen. Sofort in gleichmäßige schmale Rechtecke schneiden. Die Butter schaumig schlagen und die übrigen Zutaten unterrühren. Die Hälfte der Hippen mit dieser Creme bestreichen, die andere Hälfte daraufsetzen. Nach Wunsch mit Staubzucker besieben oder mit Glasur verzieren.

Havannaröllchen

Hippenmasse nach Grundrezept, Schokoladencreme, siehe Seite 138.

Die Hippenmasse mit Hilfe einer Rechteck-Schablone nicht zu dicht auf einem gefetteten, bemehlten Blech verteilen und in zwei Etappen etwa 12 Minuten bei kräftiger Mittelhitze backen. Die heißen Gebäckstücke sofort auf einem mittelstarken Holzstiel zusammenrollen. Nach dem völligen Erkalten mit Schokoladen- oder mit Frucht-Buttercreme füllen. Die Enden der Röllchen können in Schokoladenglasur getaucht oder mit seitlich angedrückten Schokoladenplätzchen abgeschlossen werden.

Hippentörtchen

Hippenteig nach Grundrezept, 1 kleiner Kastenkuchen, Konfitüre,
Schokoladenglasur, Mandelhälften zum Garnieren.

Die Hippenmasse mit Hilfe einer Rechteck-Schablone auf gefettetem, bemehltem Blech nicht zu dicht verteilen. Wie Zimthippen backen. Jeweils zwischen zwei Hippen ein entsprechend zugeschnittenes, beiderseits mit Konfitüre bestrichenes Stück Kastenkuchen legen. Die Törtchen mit Schokoladenglasur überziehen und mit Mandelhälften garnieren. – Hippentörtchen anderer Art lassen sich bereiten, wenn Hippen mit einer der auf Seite 135 angegebenen Füllungen bestrichen oder jeweils zwei Hippen damit zusammengesetzt werden. Garnituren oder Glasuren, die geschmacklich dazu passen, vervollständigen dieses Kleingebäck.

Das Fettgebäck

Die Freude am Fettgebäck erreicht im Februar ihren Höhepunkt. Und jeder kann daran teilhaben! Denn auch wer das ganze Jahr über keine Möglichkeit zum Backen hat, weil Herdröhre oder Backform fehlen, darf sich am Selbstgebackenen aus dem Fettbad freuen.

Grundrezepte gibt es in diesem Kapitel nicht, weil sich Hefeteig, Backpulverteig, Brandmasse, Nudelteig und noch manch anderer Teig gleichermaßen gut fürs Ausbacken in heißem Fett eignen.

Dran gedacht – gut gelungen: Für die Bereitung eines Fettbades läßt sich Öl, Kokosfett, Schweinefett oder Schmelzmargarine verwenden. Eine Mischung aus verschiedenen Fettarten herzustellen, empfiehlt sich aber nicht, da das heiße Fett dann rasch überschäumt. Diese unangenehme Begleiterscheinung kann allerdings auch darauf zurückzuführen sein, daß an den eingelegten Gebäckstücken noch Mehl haftete. Das Fett soll so reichlich bemessen sein, daß die Teigstücke darin richtig schwimmen können. Sparsamkeit beim Fetterhitzen ist nicht erforderlich, da sich zurückbleibendes Fett später wieder verwenden läßt. Der Fettverbrauch richtet sich auch weitgehend nach der Temperatur des Fettes, denn Fett, das noch nicht heiß genug ist, wird vom Teig aufgesogen und macht das Gebäck schwer verdaulich. Zu heißes Fett bräunt das Gebäck außen rasch, ohne daß es innen gar geworden ist. Blau aufsteigender Rauch deutet schon auf eine zu starke Hitze. Es ist deshalb ratsam, zunächst ein Probestück oder einen Weißbrotwürfel in das heiße Fett zu legen. Ein pflaumengroßes Stück muß in etwa

$1^1/_2$ Minuten goldbraun geworden sein. Das Fett bräunt weniger rasch, wenn ein Stück Möhre oder rohe Kartoffel zugegeben wird. Kommen zu viele Teigstücke auf einmal ins heiße Fett, so kühlt es ab, verliert also seine richtige Temperatur, und die Gebäckstücke können sich außerdem während des Garens nicht richtig entfalten. Beim Ausbacken von Pfannkuchen oder Teigstücken ähnlicher Größe ist es ratsam, sofort nach dem Einlegen in das heiße Fett das Gefäß zuzudecken. Auf diese Weise wird der Dampf gestaut, so daß die Pfannkuchen zunächst nur an der Unterseite backen, während sich der obere Teil weitet und in der Mitte der beliebte weiße Ring entsteht. Erst wenn die Unterseite der Pfannkuchen nach knapp 3 Minuten durchgebacken ist, wird der Deckel abgenommen und jedes Teigstück vorsichtig gewendet, damit auch die andere Seite backen kann. Zum Wenden eignet sich am besten ein Schaumlöffel, auch eine Gabel, womit das Gebäck aber keinesfalls während des Garens angespießt werden darf. Das aus dem Fett gehobene Gebäck sollte möglichst auf einem Rost oder Sieb kurz abtropfen, bevor es gezuckert oder glasiert wird. Vorschriftsmäßig geratenes Fettgebäck muß leicht und innen locker sein. Fettgebäck aus einfachem Teig bleibt selbstverständlich nicht lange frisch und ist bald zu verbrauchen, notfalls läßt es sich in der Röhre oder Pfanne noch einmal aufbacken.

Zum abgekühlten Fettbad wird, sofern kein Öl verwendet worden ist, etwas Wasser gegossen. Dadurch setzen sich die Rückstände des Backwerkes zu Boden, und das erstarrte Fett kann später leicht abgehoben werden. Die Rückseite der Fettschicht wird dabei ein wenig abgekratzt. Das Fett wird dann noch einmal erhitzt, in einen Tontopf gegossen und, mit Papier zugebunden, bis zur nächsten, nicht zu weit entfernt liegenden Fettbäckerei oder zum Braten aufgehoben.

Kräppelchen

Hefe-Knetteig nach Grundrezept, siehe Seite 46.
Ausbackfett, Zucker.

Den gegangenen Hefeteig zusammenstoßen, etwa 1 cm stark ausrollen und in ungleichmäßige Rechtecke rädeln oder schneiden. Nach nochmaligem kurzem Gehen in siedendem Fett ausbacken. Sofort nach dem Abtropfen zuckern. – Kräppelchen können auch aus einem Backpulver-Knetteig bereitet werden.

Hefeküchel

375 g Mehl, 15 g Hefe, 12 Eßlöffel lauwarme Milch,
30 g Zucker, abgeriebene Zitronenschale, Salz, 50 g Margarine,
1 bis 2 Eier, 75 g Korinthen; Ausbackfett, Staubzucker.

Aus den ersten Zutaten in der üblichen Weise einen Hefeteig bereiten, siehe Seite 46. Gehen lassen, zusammenstoßen und dick ausrollen. Runde Stücke ausstechen, nochmals 10 Minuten gehen lassen und mit Messer oder Schere ringsum Einschnitte anbringen. In siedendem Fett goldbraun backen und mit Staubzucker besieben.

Mäuschen

400 g Mehl, 80 g Margarine, 40 g Zucker, Salz,
1/8 l lauwarme Milch, 30 g Hefe, Ausbackfett, Staubzucker.

Einen weichen Hefeteig bereiten, gehen lassen, zusammenstoßen und nochmals kurz gehen lassen. Nocken abstechen und goldbraun ausbacken. Nach dem Abtropfen mit Staubzucker besieben und, wenn gewünscht, mit einer Fruchttunke auftragen.

Fruchtröllchen

Hefeteig, siehe Hefeküchel oben, Früchte (Pflaumen, Kirschen,
Apfelstücke oder eingeweichtes Backobst), Ausbackfett,
Zimtzucker.

Den dünn ausgerollten Hefeteig in Rechtecke teilen und mit Früchten (Steinobst entkernen) belegen. Aufrollen, in siedendem Fett ausbacken und in Zimtzucker wälzen.

Bätzchen

500 g Mehl, 30 g Hefe, 1/4 l Milch, Salz, 1 Teelöffel Zimt,
30 g Zucker, 2 Eier, 375 g gekochte geriebene Kartoffeln,
Ausbackfett, Staubzucker.

Aus dem gesiebten Mehl, der in der lauwarmen Milch verrührten Hefe, dem Gewürz, Zucker, Eiern und Kartoffeln einen Teig bereiten und gehen lassen. Beliebig große Stücke in heißem Fett goldbraun ausbacken und sofort mit Staubzucker besieben. – Anstelle von Zimt kann Vanillinzucker oder abgeriebene Zitronenschale zum Würzen verwendet werden.

Thüringer Kniekäulchen

1 kg Mehl, 75 g Hefe, 3/4 l Milch, 75 g Zucker,
150 g Margarine, Salz, 4 Eier, Ausbackfett, Staubzucker.

Aus Mehl, Hefe, lauwarmer Milch, Zucker, Margarine, Salz und Eiern in der üblichen Weise einen Teig bereiten, der verhältnismäßig weich sein muß. Nach dem Gehen etwa fingerdick ausrollen, mit einem Glas kleine Kuchen ausstechen und nochmals gehen lassen. Die Kuchen so weit zum Rand hin ausziehen, daß in der Mitte eine ganz dünne Stelle entsteht. Den Rand nach innen wieder etwas einrollen und die Käulchen in siedendem Fett goldbraun ausbacken. Sofort mit Staubzucker besieben.

Brezeln

Hefe-Knetteig nach Grundrezept, siehe Seite 46,
möglichst mit geriebenen bitteren Mandeln gewürzt,
Ausbackfett, einfacher oder vanillierter Zucker.

Den gegangenen Hefeteig zusammenstoßen und zu gleichmäßigen Rollen von 20 bis 25 cm Länge drehen. Brezeln formen, nochmals knapp 10 Minuten gehen lassen und in siedendem Fett ausbacken. Sofort nach dem Abtropfen zuckern.

Pfannkuchen

Hefe-Knetteig nach Grundrezept, siehe Seite 46,
mit zusätzlich 1 bis 2 Eiern bereitet, Konfitüre, Ausbackfett,
klarer Zucker oder Zuckerglasur.

Den gegangenen Hefeteig zusammenstoßen und in etwa 20 gleich große Stücke teilen. Jedes Teigstück in der Mitte eindrücken, Konfitüre daraufgeben und den Teig darüber zusammendrehen. Die Pfannkuchen etwa 10 Minuten gehen lassen und mit der zusammengedrehten Seite nach unten in das heiße Fett geben. – Der Teig kann auch etwa 1 cm stark ausgerollt werden. Dann auf die Hälfte der Teigplatte runde Formen drükken, auf jede etwas Konfitüre geben, die Ränder der Teigscheiben mit verquirltem Ei oder Zuckerwasser streichen und die andere Teighälfte darüberklappen. Den Konfitürehäufchen entsprechend Pfannkuchen ausstechen. Mit einem Tuch bedeckt nochmals gehen lassen und dabei einmal umwenden. Die Pfannkuchen nach dem Ausbacken entweder zuckern oder glasieren.

Quarkspitzen

30 g Margarine, Salz, Saft und Schale 1/2 Zitrone
oder 1 Päckchen Vanillinzucker, 80 g Zucker, 2 Eier,
200 g Quark, 200 g Mehl, 1/2 Päckchen Backpulver,
30 g Korinthen, Ausbackfett, Staubzucker.

Margarine, Gewürz und Zucker recht schaumig schlagen, Zitronensaft, Eier, durchgestrichenen Quark, das mit dem Backpulver gesiebte Mehl und die vorbereiteten Korin-

then zugeben. Mit einem in das erhitzte Ausbackfett getauchten Löffel kleine Teigstücke abstechen, goldbraun ausbacken und mit Staubzucker besieben.

Quarkröllchen

50 g Zucker, Salz, 1 bis 2 Eier, 250 g Quark,
knapp 1/2 l Milch, 500 g Mehl, 1/2 Päckchen Backpulver,
geriebene Nüsse, Ausbackfett, Zucker zum Bestreuen.

Zucker, eine Prise Salz und Ei recht schaumig schlagen. Den mit der Milch verrührten und durchgestrichenen Quark, das mit dem Backpulver gesiebte Mehl und die geriebenen Nüsse unterarbeiten. Den Teig mit Hilfe eines Löffels zu Röllchen formen und in siedendem Fett goldbraun ausbacken. Sofort zuckern und frisch auftragen.

Räder- oder Schürzkuchen

400 g Weizenmehl, 100 g Stärkemehl, 1/2 Päckchen Backpulver,
125 g Zucker, Salz, 100 g Margarine, 3 Eier, 4 Eßlöffel Milch;
Ausbackfett, Zucker zum Bestreuen.

Das mit dem Backpulver gesiebte Mehl und die übrigen Zutaten zu einem glatten Teig verarbeiten. Etwa 3 mm stark ausrollen und in Rechtecke schneiden oder rädeln. In jedem Teigstück längs einen Schlitz anbringen und eine Schmalseite des Teigrechtecks hindurchziehen. Goldbraun ausbacken und nach dem Abtropfen zuckern. In verschlossenem Gefäß ist dieses Gebäck einige Zeit haltbar.

Ringelschwänzchen

50 g Margarine, 250 g Mehl, 65 g Zucker, 1/2 Ei,
5 Eßlöffel Wein oder saure Sahne, Salz,
1/2 Teelöffel gemahlener Ingwer, Ausbackfett,
Staub- oder klarer Zucker zum Bestreuen.

Zur sahnig geschlagenen Margarine Mehl, Zucker, Ei, Flüssigkeit und Gewürz geben. Den glatten Teig dünn ausrollen, in etwa 2×12 cm große Stücke schneiden und jeden Streifen über einen Quirlstiel drehen. Sofort in heißem Fett goldbraun ausbacken und mit Staubzucker besieben oder in klarem Zucker wälzen.

Quarkkugeln

25 g Margarine, 1 Ei, Salz, abgeriebene Zitronenschale, 125 g Quark,
1 Eßlöffel Zucker, 50 g Mehl, 1/2 Teelöffel Backpulver,
4 bis 6 Eßlöffel geriebene Semmel, Ausbackfett, Staubzucker.

Margarine, Ei und Gewürz recht schaumig schlagen, den durchgestrichenen Quark, Zucker, das mit dem Backpulver gesiebte Mehl und die geriebene Semmel unterarbeiten. Aus dem Teig Kugeln oder Röllchen formen und in heißem Fett goldbraun ausbacken. Mit Staubzucker besieben.

Fastnachtskräpfel, Mutzenmandeln

2 Eier, 100 g Zucker, Salz, 3 bittere Mandeln, 250 g Mehl, 25 g zerlassene Margarine, 6 bis 8 g Hirschhornsalz, 1 Eßlöffel Weinbrand oder Rum, Ausbackfett, Staubzucker.

Eier, Zucker und eine Prise Salz recht schaumig schlagen, geriebene Mandeln, gesiebtes Mehl, abgekühlte Margarine und das im Alkohol aufgelöste Hirschhornsalz unterarbeiten. Den Teig etwa 1 cm stark ausrollen und mit einem Likörglas ausstechen. Goldbraun ausbacken und nach dem Abtropfen zuckern. – Mit dem dafür typischen Ausstecher können aus dem Teig auch Mutzenmandeln geformt werden.

Rosettenwaffeln

Siehe Seite 107.

Brinkel

Backpulver-Knetteig, siehe Seite 23. mit 2 Teelöffel Pfefferkuchengewürz verarbeitet, Backpflaumen, Mandeln oder Nüsse, Ausbackfett, Zuckerglasur.

Den ausgerollten Backpulver-Knetteig in gleichmäßige Vierecke schneiden. In entkernte Backpflaumen jeweils eine Mandel oder Nuß stecken. Jedes Teigstück mit einer Pflaume füllen und in siedendem Fett ausbacken. Die Brinkel nach dem Abtropfen entweder in eine Schüssel mit dünner Zuckerglasur legen oder jedes Gebäckstück an einem Spießchen hineintauchen.

Spritzringe

Brandmasse nach Grundrezept I, siehe Seite 92, Ausbackfett, Zuckerglasur.

Die Brandmasse in einen Beutel mit großer Tülle füllen. Ein Stück Butterbrotpapier in heißes Fett tauchen, darauf ringförmig Brandmasse spritzen und von dem Papier in das siedende Fett gleiten lassen. Auf das gleiche Stück Papier den nächsten Ring spritzen und so fortfahren, bis die Masse goldbraun ausgebacken ist. Nach dem Abtropfen die Spritzringe mit einer nicht zu dick gehaltenen Zuckerglasur überziehen. – Bei der Bereitung der Brandmasse für Spritzringe kann mit dem letzten Ei ein halber Teelöffel Backpulver untergearbeitet werden, damit das Gebäck besonders locker wird.

Paprikastreifen

Brandmasse nach Grundrezept, siehe Seite 92, 1 Teelöffel Paprika, Ausbackfett.

Bei der Bereitung der Brandmasse Mehl und Paprika zusammen sieben. Die Masse aus dem Spritzbeutel mit großer Tülle etwa fingerlang in siedendes Fett spritzen und goldbraun backen. Eine schmackhafte Beilage zu Suppe oder Bier.

Käseröllchen

2 Ecken Schmelzkäse, 1 Teelöffel Salz, 1 bis 2 Eier,
1 Teelöffel gehackter Kümmel, 200 g Mehl, 1 Teelöffel Backpulver,
Reibkäse, Ausbackfett.

Den Käse schaumig schlagen, Salz, Ei, Kümmel und das mit dem Backpulver gesiebte Mehl zugeben. Den gründlich verarbeiteten Teig zu Röllchen formen, in siedendem Fett goldbraun ausbacken und in Reibkäse wälzen oder damit garnieren.

Kleine Piroggen

Ungesüßter Hefe-Knetteig nach Grundrezept, siehe Seite 46.
250 g Sauerkraut, 200 g Schnittwurst, Ausbackfett.

Den gegangenen Hefeteig zusammenstoßen, nicht zu dünn ausrollen und mit einer Tasse rund ausstechen. Das Sauerkraut grob hacken und mit der kleingeschnittenen Wurst vermengen. Auf den Teigstücken verteilen und wie Taschen zusammenklappen. Auf dem Blech oder in siedendem Fett backen. Piroggen sind eine beliebte Beilage zu Bier oder Brühe.

Süßer Ausbackteig

I. 250 g Mehl, Salz, 1 Eßlöffel Zucker, 2 Eier, 1 Eßlöffel Öl, 1/4 l Milch.

Unter das gesiebte Mehl nach und nach die übrigen Zutaten rühren. Dieser Teig wird gern dazu verwendet, kleine, an den Stielenden zusammengebundene Kirschbündel, kurz gewaschene Holunderblütendolden, Apfelscheiben oder -stücke, auf ein Spießchen gereihte Pflaumen- oder Aprikosenhälften hineinzutauchen und sofort in siedendem Fett auszubacken. Nach dem Backen entweder mit Staubzucker besieben oder in klarem Zucker wälzen.

II. 1/8 l Kondensmilch, 1/8 l Weißwein, 2 Eier, 150 g Mehl, 1 Teelöffel Zucker,
Salz, eine Spur Muskatnuß.

Die Kondensmilch erhitzen und sofort mit dem Weißwein verquirlen. Nach dem Abkühlen Eigelb, Mehl, Zucker und Gewürz zugeben, zuletzt den steifen Eischnee unterheben. Verwendungszweck siehe Ausbackteig I.

Herzhafter Ausbackteig

200 g Mehl, Salz, knapp 1/2 Teelöffel Paprika, 2 Eier, 1 Eßlöffel Öl,
etwa 1/8 l helles Bier.

Das gesiebte Mehl nach und nach mit den übrigen Zutaten verrühren. In diesen Teig können gare Fleisch- oder Fischstücke oder auch gedünstetes Gemüse getaucht und dann in siedendem Fett goldbraun ausgebacken werden.

Der Waffelteig

Seit es elektrische Waffeleisen gibt, ist das Interesse für Waffel-Rezepte wieder gestiegen. Da für Teigbereitung und Backen weder viel Mühe noch Zeit gebraucht werden, können Waffeln auch schnell einmal aus der Verlegenheit helfen, wenn etwas Süßes zu Kaffee, Tee oder Kakao fehlt. Ein Grundrezept gibt es für Waffelteig nicht, doch ein Rezept ist ganz besonders zu empfehlen, denn es garantiert

lange Zeit knusprig bleibende Waffeln

250 g Margarine, 350 g Zucker, 5 bis 6 Eier, 1 Päckchen Vanillinzucker, Salz, 500 g Kartoffelmehl (kein anderes Stärkemehl verwenden!).

Zur schaumig geschlagenen Margarine nach und nach die übrigen Zutaten rühren. Den Teig etwa 15 Minuten ruhen lassen und portionsweise zu Waffeln ausbacken.

Dran gedacht – gut gelungen: Die elektrischen Waffeleisen werden von unten und oben gleichermaßen beheizt, auf diese Weise backen die Waffeln gut durch und bekommen eine einheitliche Farbe. Ein neues Waffeleisen wird zunächst mit feuchtem Tuch ausgewischt, wie alle elektrischen Geräte darf es auch später niemals in Wasser gelegt werden. Dann wird das Eisen für 5 bis 10 Minuten beheizt, damit der Fettüberzug verbrennt. Nachdem das aufgeklappte Waffeleisen abgekühlt ist, wird es leicht geölt und bis zum Gebrauch stehengelassen. Einem nochmaligen, aber trockenen Auswischen folgt ein leichtes Ölen, am besten mit einem Pinsel. Der gleichmäßig aufgestrichene Waffelteig (breites Messer oder Teigschaber verwenden!) ist im zugeklappten Eisen nach 2 bis 3 Minuten gebacken. Die fertigen Waffeln lösen sich im allgemeinen gut. Bleiben aber doch einmal Krümel zurück, so sind sie mit Pinsel oder Bürste zu entfernen, bevor neuer Teig in das leicht gefettete Waffeleisen gefüllt wird. Die frischen Waffeln kühlen am besten auf einem Backgitter oder Rost aus, weil da auch von unten her Luft hinzu kann. Aufeinandergeschichtet werden dürfen frische Waffeln auf keinen Fall, denn dadurch werden sie weich und bekommen nicht die gewünschte rösche Konsistenz. Die unhandlichen Waffeleisen für Gas- oder Kohlenfeuerung sind heute nur noch selten im Gebrauch. Sie müssen während des Backens gewendet werden, damit die Waffeln gleichmäßig durchbacken und Farbe annehmen. Waffeln werden gern gezuckert, auch mit Honig oder Sirup bestrichen.

Backpulverwaffeln

1/4 l Milch, 2 Eier, 40 g Zucker, Salz,
eine Messerspitze abgeriebene Zitronenschale, 180 g Mehl,
1/3 Päckchen Backpulver.

Milch, Eigelb, Zucker und Gewürz recht gut verrühren, das mit dem Backpulver gesiebte Mehl zugeben und den steifen Eischnee unterziehen. Im Waffeleisen portionsweise backen.

Hefewaffeln

100 g Margarine, 50 g Zucker, Salz, 1/2 Päckchen Vanillinzucker, 3 Eier,
1/4 l Milch oder Joghurt, 20 g Hefe, 350 g Mehl.

Zur schaumig geschlagenen Margarine Zucker, Gewürz, Eier, die in der lauwarmen Milch verrührte Hefe und das gesiebte Mehl geben und unterarbeiten. Den leicht warm gestellten Teig etwa 60 Minuten gehenlassen. Nochmals tüchtig durchrühren und portionsweise zu Waffeln ausbacken.

Steirische Waffeln

3 Eier, 40 g Zucker, Salz, 1 Päckchen Vanillinzucker, eine Spur Muskat,
1/4 l Milch, 20 g Hefe, 175 g Mehl, 200 g gekochte geriebene Kartoffeln,
70 g Margarine.

Eier, Zucker, Gewürz und die in der lauwarmen Milch verrührte Hefe recht gut verquirlen. Das gesiebte Mehl und die geriebenen Kartoffeln zugeben und den Teig warm gestellt etwa 60 Minuten gehenlassen. Die zerlassene, abgekühlte Margarine unterrühren und den Teig portionsweise zu Waffeln ausbacken.

Quarkwaffeln

75 g Margarine, 75 g Zucker, 3 Eier, 150 g Mehl, 1/8 l Kondensmilch,
eine Messerspitze abgeriebene Zitronenschale, Salz, 150 g trockener Quark.

Margarine, Zucker und Eigelb recht schaumig schlagen, das gesiebte Mehl, Kondensmilch, Gewürz und den glattgerührten Quark unterarbeiten. Den leicht gesalzenen steifen Eischnee zuletzt unterheben. Im Waffeleisen portionsweise ausbacken.

Sandwaffeln

4 Eier, 150 g Zucker, 175 g Mehl, Salz, 4 Eßlöffel Weinbrand,
100 g Margarine.

Eier und Zucker recht schaumig schlagen, sofern kein elektrisches Gerät zur Verfügung steht, mit der Hand etwa 20 Minuten rühren. Das Mehl darübersieben, Salz, Weinbrand und die zerlassene, abgekühlte Margarine zugeben, Den gründlich verarbeiteten Teig portionsweise im Waffeleisen backen.

Festtagswaffeln

150 g Margarine, 125 g Zucker, Salz, 1 Päckchen Vanillinzucker, 3 geriebene bittere Mandeln, 3 Eier, 125 g Weizenmehl, 75 g Stärkemehl, knapp 1/2 Teelöffel Backpulver, 4 Eßlöffel saure Sahne.

Margarine, Zucker und Gewürz recht schaumig schlagen, sofern kein elektrisches Gerät zur Verfügung steht, mit der Hand mindestens 20 Minuten rühren. Die Eigelb, das mit dem Backpulver gesiebte Mehl und die Sahne zugeben. Zuletzt den steifen Eischnee unterziehen. Den Teig im Waffeleisen portionsweise knusprig backen.

Hamburger Waffeln

125 g Margarine, 30 g Zucker, 1 Päckchen Vanillinzucker, Salz, 1 bis 2 Eßlöffel Rum, 3 Eier, 250 g Mehl, knapp 1 Teelöffel Backpulver, 1/8 l Milch, 1/8 l Wasser.

Alle Zutaten recht gut miteinander verrühren, etwa 10 Minuten rasten lassen und portionsweise im Waffeleisen backen.

Californische Waffeln

250 g Mehl, 1/2 Päckchen Backpulver, Salz, knapp 1/2 l Milch, 2 Eier, 1 Eßlöffel zerlassenes Schweinefett, 1 Päckchen Vanillinzucker, abgeriebene Apfelsinenschale.

Mehl und Backpulver sieben. Salz, Milch, Eigelb, das flüssige, abgekühlte Schweinefett, Vanillinzucker und ein wenig abgeriebene Apfelsinenschale verrühren, allmählich das Mehl unterarbeiten und zuletzt den steifen Eischnee unterziehen. Portionsweise im Waffeleisen backen. Möglichst mit zerlassener Butter beträufeln und dünn mit Staubzucker besieben.

Gefüllte Waffeln

Waffeln nach einem der vorstehenden Rezepte gebacken, Konfitüre, Staubzucker.

Die Hälfte der erkalteten Waffeln mit leicht erwärmter Konfitüre bestreichen. Die übrigen Waffeln mit Staubzucker besieben und auf die bestrichenen Waffeln legen. – Anstelle von Staubzucker läßt sich eine Schokoladen-Fettglasur verwenden. Dann unter die Konfitüre möglichst gehackte Mandeln oder Nüsse mengen und die gefüllten Waffeln mit Mandelhälften garnieren.

Rosettenwaffeln

1/2 l Milch, 2 bis 3 Eier, Salz, 80 g Zucker, 250 g Mehl, reichlich 1/2 Teelöffel Backpulver, Ausbackfett.

Alle Zutaten – Mehl und Backpulver zusammen gesiebt – recht gut verrühren und mit dem ins heiße Fett getauchten Rosettenwaffeleisen ausbacken. Nach Wunsch mit Staubzucker besieben und knusprig-frisch auftragen.

Weihnachtsgebäck

In diesem Kapitel sind verschiedene Teigarten zu finden. Wenn damit von der bisherigen Systematik des Buches abgewichen wird, so deshalb, um die Auswahl weihnachtlichen Gebäcks zu erleichtern. Das typischste Weihnachtsgebäck verkörpern immer wieder die Pfefferkuchen, auch Leb- oder Honigkuchen genannt.

Grundrezept I für Pfefferkuchen-Knetteig

250 g Sirup oder Kunsthonig, 125 g Zucker, 100 g Margarine oder Fett, 500 g Mehl, 20 g Pfefferkuchengewürz, Salz, 5 g Pottasche, 5 g Hirschhornsalz, 2 Eßlöffel Weinbrand, Rum, Milch oder Kaffee-Extrakt.

Sirup, Zucker und Margarine erhitzen. Das gesiebte Mehl und die Gewürze mischen. Die Triebmittel getrennt jeweils in einem Eßlöffel Flüssigkeit auflösen. Die abgekühlte Sirupmasse mit allen übrigen Zutaten verarbeiten. Den abgelagerten Teig nach Rezeptvorschrift verarbeiten.

Grundrezept II für Pfefferkuchen-Knetteig

250 g Kunsthonig, 250 g Zucker, 60 g Margarine oder Fett, 60 g Kakao, 15 g Pfefferkuchengewürz, 625 g Mehl, Salz, 1 Ei, 10 g Hirschhornsalz, 5 g Pottasche, 1/8 l Wasser, 50 g gehackte süße Mandeln, 5 Stück geriebene bittere Mandeln, 50 g geraspeltes Zitronat.

Kunsthonig, Zucker und Margarine erhitzen und abkühlen lassen. Das mit Kakao und Pfefferkuchengewürz gesiebte Mehl, Salz, Ei und die getrennt aufgelösten Triebmittel nach und nach zugeben. Zuletzt Mandeln und Zitronat unterkneten. Den Teig nach Rezeptvorschrift verarbeiten.

Grundrezept für Pfefferkuchen-Rührteig

250 g Kunsthonig, 100 g Margarine, 180 g Zucker, Salz, 2 Eier, 500 g Mehl, 20 g Pfefferkuchengewürz, 10 g Pottasche, 2 Eßlöffel Kaffee-Extrakt, Milch oder Alkohol.

Den Kunsthonig erhitzen. Zur schaumig geschlagenen Margarine Zucker, Salz und Eier rühren und danach den abgekühlten Kunsthonig zugeben. Das mit dem Pfefferkuchengewürz gesiebte Mehl und die in der Flüssigkeit aufgelöste Pottasche darunterschlagen.

Den glattgerührten Teig nach Rezeptvorschrift verarbeiten. – Durch die Zugabe von gehackten Mandeln und geraspeltem Zitronat, auch Sultaninen oder Korinthen läßt sich der Teig verfeinern.

Dran gedacht – gut gelungen: Pfefferkuchenteig, der nicht mit Backpulver, sondern mit Hirschhornsalz oder Pottasche, oft auch beiden zusammen, bereitet worden ist, soll möglichst ablagern, d. h. 2 bis 20 Tage, mit einem Tuch bedeckt, kühl gestellt ruhen, bevor er gebacken wird. Beide Triebmittel werden nicht gemeinsam, sondern getrennt in wenig Flüssigkeit aufgelöst und möglichst durch ein Sieb zum Teig gegeben, damit keine Klümpchen bleiben, die ein ungleichmäßiges Aufgehen des Teiges bewirken. Obwohl Pottasche den Teig bekanntlich in die Breite treibt, wird sie doch – zumindest zu einem Teil – für hohes Pfefferkuchengebäck bevorzugt, denn Hirschhornsalz verbäckt nur in flachem Gebäck völlig, ohne einen scharfen Geschmack zu hinterlassen. Für die Bereitung von Pfefferkuchenteig eignet sich nicht nur Weizen-, sondern auch Roggenmehl, beide werden gern gemischt verwendet. Ist der Teig während des Lagerns etwas ausgetrocknet, so kann beim nochmaligen Durchkneten vor dem Verbrauch tropfenweise so viel Flüssigkeit zugegeben werden, bis der Teig seine ursprüngliche Konsistenz wieder erhalten hat. Pfefferkuchenteige bekommen erst durch die richtige Gewürzzugabe den typischen kräftigen Geschmack. Außer dem käuflichen Pfefferkuchengewürz lassen sich auch selbst zusammengestellte Gewürzmischungen verwenden. Dadurch kann ein bestimmter Teig geschmacklich immer wieder wesentlich verändert werden. Die gebräuchlichsten Gewürze für Pfefferkuchen sind außer Salz: Nelke, Zimt, Ingwer, Anis, Koriander, Kardamom, Muskat, weißer Pfeffer und Paprika – selbstverständlich alles pulverfein gemahlen –, bittere Mandeln, Zitronen-, Apfelsinenschale, gehackt oder gerieben. Pfefferkuchen sollen zwar gründlich durchbacken, aber nicht zu lange im Ofen bleiben, weil das Gebäck sonst hart wird und seinen guten Geschmack verliert. Deshalb soll auch eine mäßige Mittelhitze von höchstens 180 Grad beim Backen nicht überschritten werden. Pfefferkuchen bleiben im allgemeinen lange Zeit haltbar und vor allem dann wohlschmeckend und frisch, wenn sie in einem verschließbaren Gefäß, in dem zugleich ein Stück Brot oder ein tadelloser Apfel bzw. ein Stück einwandfreie Möhre liegt, aufbewahrt werden.

Einfacher Pfefferkuchen

Pfefferkuchen-Knetteig nach Grundrezept, verquirltes Ei, gehackte Mandeln oder Nüsse.

Den Teig auf ein leicht gefettetes, bestäubtes Blech oder in die Fettpfanne drücken, mit verquirltem Ei bestreichen und mit gehackten Mandeln oder Nüssen bestreuen. 15 bis 20 Minuten bei Mittelhitze backen, etwas abkühlen lassen und in Stücke schneiden. – Unter die Mandeln zum Bestreuen können Zitronatwürfelchen gemischt werden. Der Teig kann auch 5 mm stark ausgerollt, rechteckig ausgestochen, den Stücken entsprechend garniert und dann gebacken werden.

Pfefferkuchenherzen

Pfefferkuchenteig nach Grundrezept II, weiße Zuckerglasur, Schokoladenglasur.

Den Teig etwa 5 mm stark ausrollen und Herzen ausstechen. Auf gefettetem, bestäubtem Blech mit der Gabel mehrfach einstechen und bei mäßiger Mittelhitze etwa 15 Minuten backen. Zunächst mit weißer Glasur überziehen und nach deren Festwerden mit Schokoladenglasur garnieren.

Schokoladenspitzen

Pfefferkuchen-Knetteig nach Grundrezept I, 65 g geriebene Mandeln, Schokoladen-Fettglasur.

Den Teig mit den Mandeln verarbeiten und entweder kleine runde Kuchen von 10 bis 12 cm Durchmesser oder lange schmale Rollen von etwa 3 cm Stärke formen. Auf gefettetem, bemehltem Blech bei mäßiger Mittelhitze backen. Noch frisch in Ecken teilen, jede auf ein Hölzchen oder eine Rouladennadel spießen und in Schokoladen-Fettglasur tauchen.

Dominosteine

Pfefferkuchen-Knetteig nach Grundrezept II,
250 g Konfitüre, 250 g feiner Grieß, 10 g bittere Mandeln,
250 g Staubzucker, 80 g Margarine, 3 bis 4 Eßlöffel Milch oder Weinbrand,
Schokoladenglasur.

Den Teig auf gefettetem, bestäubtem Blech etwa 1 cm stark ausrollen, mehrfach mit der Gabel einstechen und bei mäßiger Mittelhitze backen. Nach dem Abkühlen mit Konfitüre bestreichen. Grieß, geriebene Mandeln und Staubzucker untereinandermischen, Margarine und Milch darunterkneten. Diese Marzipanmasse zu einer Platte ausrollen, auf den bestrichenen Pfefferkuchen legen und in Würfel von ungefähr 3 × 3 cm schneiden. Mit Schokoladenglasur überziehen. – Anstelle der Grießmarzipanmasse läßt sich auch eine andere haltbare Füllung, siehe Seite 135, verwenden.

Mandelstreifen

125 g gehackte süße Mandeln oder Nüsse, 5 Stück geriebene bittere Mandeln, 200 g Zucker, 1/2 Teelöffel Zimt, 3 Eiweiß, Salz, Pfefferkuchen-Knetteig nach Grundrezept I, 1 Glas Konfitüre.

Mandeln, Zucker, Zimt und 2 Eiweiß auf kleinster Flamme so lange rühren, bis sich die Masse zusammenballt. Das restliche, leicht gesalzene Eiweiß steif schlagen und unter die abgekühlte Mandelmasse ziehen. Den Pfefferkuchenteig auf gefettetem, bestäubtem Blech knapp 1 cm stark ausrollen, mehrfach mit der Gabel einstechen und mit Konfitüre bestreichen. Die Mandelmasse in dicken schrägen Streifen aufspritzen. Bei mäßiger Mittelhitze etwa 20 Minuten backen und sofort in Stücke schneiden.

Pfefferkuchenwürfel

Pfefferkuchen-Knetteig nach Grundrezept II, 250 g herbe Konfitüre, 3 Eßlöffel Rum oder Weinbrand, weiße Zuckerglasur, Schokoladentrüffel.

Den Pfefferkuchenteig auf gefettetem, bestäubtem Blech etwa 1 cm stark ausrollen. Mit der Gabel mehrfach einstechen und bei mäßiger Mittelhitze etwa 15 Minuten backen. Inzwischen Konfitüre und Rum, nach Wunsch auch gehackte Nüsse verrühren und auf der Hälfte der Teigplatte breitstreichen. Die andere Hälfte darauflegen und mit scharfem Messer in gleich große Würfel von ungefähr 4 × 4 cm schneiden. Nur die Oberfläche dick mit Zuckerglasur überziehen und mit Schokoladentrüffel bestreuen.

Nikolausbissen

Pfefferkuchen-Knetteig nach Grundrezept I, 200 g Zucker, 5 bis 6 Eßlöffel Wasser, 2 Eiweiß, 2 Teelöffel Zitronensaft, 200 g Kokosraspel, Zuckerglasur, Liebesperlen.

Den etwa 5 mm stark ausgerollten Teig in Recht- oder Dreiecke aufteilen. Auf gefettetem, bestäubtem Blech bei Mittelhitze backen. Inzwischen Zucker und Wasser sirupähnlich verkochen und allmählich unter den steifen Eischnee ziehen. Zitronensaft und Kokosraspel unterheben. Jeweils zwei Gebäckstücke mit dieser Fülle zusammensetzen, glasieren und mit Liebesperlen garnieren.

Pfefferkuchenecken

Pfefferkuchen-Rührteig nach Grundrezept, 125 g gehackte Korinthen, 1 Ei, 1 bis 2 Eßlöffel Staubzucker, 2 Eßlöffel Milch.

Unter den Pfefferkuchen-Rührteig die gehackten Korinthen und nach Belieben auch 50 g Kokosraspel mischen. Den Teig auf gefettetem Blech breitstreichen. Bei mäßiger

Mittelhitze etwa 25 Minuten backen. Kurz vor Beendigung der Backzeit Ei, Staubzucker und Milch verrühren und damit den Pfefferkuchen bestreichen. Nochmals kurz backen lassen und sofort in Dreiecke schneiden.

Nougattaler

Pfefferkuchen-Knetteig nach Grundrezept,
1 Ei, Milch, rote Marmelade, 30 g Kakao, 50 g Staubzucker,
2 Eßlöffel geriebene Mandeln, 2 Eßlöffel geriebene, geröstete Nüsse,
2 Eßlöffel Kaffeesahne oder Rum, 2 Eßlöffel Kaffee-Extrakt, 50 g Kokosfett.

Den Pfefferkuchenteig etwa 5 mm stark ausrollen, runde Teigstücke ausstechen und mit dem in wenig Milch verquirlten Ei bestreichen. Die Hälfte dieser Taler mit Marmelade betupfen. Alle Teigstücke auf gefettetem, bestäubtem Blech bei mäßiger Mittelhitze backen. Inzwischen die übrigen Zutaten mit dem flüssigen Kokosfett vermengen. Jeweils zwei abgekühlte Taler mit dieser Nougatfülle so zusammensetzen, daß die mit Marmelade garnierten Gebäckstücke obenauf liegen.

Pflastersteine

350 g Sirup oder Kunsthonig, 100 g Zucker, 80 g Fett oder Margarine,
400 g Mehl, 10 g Pfefferkuchengewürz, Salz, 60 g Mandeln,
abgeriebene Zitronenschale, 10 g Hirschhornsalz,
2 Eßlöffel Rum oder Rosenwasser, weiße Zuckerglasur.

Sirup, Zucker und Fett erhitzen. Nach dem Abkühlen das mit dem Pfefferkuchengewürz gesiebte Mehl, Salz, geriebene Mandeln, abgeriebene Zitronenschale und das im Rum aufgelöste Triebmittel unterarbeiten. Den gelagerten Teig zu etwa 3 cm starken Rollen formen und davon nicht zu dünne Scheiben abschneiden. Auf leicht gefettetem, bestäubtem Blech bei mäßiger Mittelhitze etwa 15 Minuten backen. Die Pflastersteine mit weißer Zuckerglasur überziehen.

Oblatenkuchen

1 Ei, 150 g Zucker, 1 Päckchen Vanillinzucker, Salz,
10 g Pfefferkuchengewürz, 300 g Mehl, 1 Teelöffel Hirschhornsalz,
1 Eßlöffel Wasser, 100 g süße Mandeln, 4 Stück bittere Mandeln,
50 g Zitronat, 100 g Fett, Oblaten.

Ei und Zucker recht schaumig schlagen, Gewürz, gesiebtes Mehl, das im Wasser aufgelöste Hirschhornsalz, geriebene Mandeln und geraspeltes Zitronat unterarbeiten. Zuletzt mit dem flüssigen, aber abgekühlten Fett verkneten. Den Teig auf Oblaten verteilen und bei mäßiger Mittelhitze auf einem ungefetteten Blech backen. – Mit dem Mehl kann etwa 20 g Kakao gesiebt werden. Die Oblatenkuchen lassen sich beliebig glasieren.

Schokoladenküchel

325 g Kunsthonig oder Sirup, 175 g Zucker, 80 g Schokolade, 500 g Mehl, 1 Teelöffel Pfefferkuchengewürz, 80 g Nüsse, 3 bis 5 bittere Mandeln, 80 g Zitronat, Salz, je 5 g Hirschhornsalz und Pottasche, 2 Teelöffel Rosenwasser, Schokoladen-Fettglasur, Schokoladenplätzchen.

Kunsthonig, Zucker und Schokolade erhitzen. Während des Abkühlens Mehl und Pfefferkuchengewürz zusammen sieben, gehackte Nüsse, geriebene Mandeln, geraspeltes Zitronat, Salz und das im Rosenwasser getrennt aufgelöste Triebmittel zugeben. Mit der Honigmasse verarbeiten. Den abgelagerten Teig knapp 1 cm stark ausrollen und zu Plätzchen von etwa 6 cm Durchmesser ausstechen. Auf gefettetem Blech bei Mittelhitze backen. Mit Schokoladen-Fettglasur überziehen und mit Schokoladenplätzchen garnieren.

Spekulatius

150 g Margarine, 100 g Zucker, 1 großes oder 2 kleine Eier, je eine Prise Salz, Kardamom, Ingwer und Muskatblüte, 1/2 Teelöffel Zimt oder Pfefferkuchengewürz, 250 g Mehl, eine Prise Backpulver, 65 g geriebene Mandeln, darunter 4 Stück bittere.

Die schaumig geschlagene Margarine mit allen Zutaten zu einem Teig verarbeiten. Mindestens eine Stunde kalt gestellt rasten lassen. Den 3 mm stark ausgerollten Teig entweder mit dem Modelholz formen oder zu beliebigen Figuren ausstechen. Bei Mittelhitze etwa 15 Minuten auf leicht gefettetem Blech hellbraun backen. – Mit dem Mehl kann nach Wunsch ein Teelöffel Kakao gesiebt werden.

Gewürzplätzchen

250 g Mehl, 1 Päckchen Puddingpulver Vanille- oder Mandelgeschmack, 1/2 Päckchen Backpulver, 1 1/2 Teelöffel Pfefferkuchengewürz, 3 Eßlöffel Sahne, 1 Ei, 80 g Zucker, Salz, 30 g geraspeltes Zitronat, 50 g gehackte Mandeln, darunter 5 Stück geriebene bittere, 125 g Margarine, Korinthen, Zuckerglasur.

Mehl, Puddingpulver, Backpulver und Pfefferkuchengewürz zusammen sieben. Alle übrigen Zutaten unterarbeiten. Nicht zu dünn ausrollen und beliebig ausstechen, bei Mittelhitze auf gefettetem Blech backen und mit Zuckerglasur überziehen.

Münchner Weihnachtssternchen

200 g Butter- oder Margarineschmalz, 200 g Zucker, 1 Päckchen Vanillinzucker, Salz, abgeriebene Zitronenschale, 2 Eier, 400 g Mehl, 2 Eßlöffel Weinbrand oder Rum, Zuckerglasur.

Butterschmalz, Zucker, Gewürz und 1 1/2 Eier schaumig schlagen. Das gesiebte Mehl und den Weinbrand unterkneten. Den Teig 8 bis 10 Stunden kühl gestellt rasten lassen.

Beliebig stark ausrollen und Sternchen ausstechen. Jeweils mit einer kleineren Sternchenform oder auch nur rund das Mittelstück ausstechen. Auf leicht gefettetem Blech mit dem restlichen verquirlten Ei bestreichen und bei kräftiger Mittelhitze goldbraun backen. Die mit Glasur verzierten Sternchen eignen sich als Weihnachtsbaumbehang.

Honigkuchenbrinkel

2 Eier, 150 g Zucker, 150 g Margarine, 200 g Kunsthonig oder Sirup,
je 1 knapper Teelöffel Zimt, Nelken- und Ingwerpulver,
je eine Prise Muskat, Salz und Pfeffer, 500 g Mehl, $1^1/_4$ Päckchen Backpulver,
80 g geraspeltes Zitronat, 80 g gehackte Nüsse oder Mandeln,
darunter 4 Stück geriebene bittere Mandeln.

Eier und Zucker schaumig schlagen, Margarine und Kunsthonig erwärmen und abgekühlt zugeben. Gewürz und das mit dem Backpulver gesiebte Mehl vermengen. Nach und nach mit allen übrigen Zutaten zu einem glatten Teig verarbeiten. Kühl gestellt etwa 30 Minuten rasten lassen und noch einmal durchkneten. Jeweils zwei kleine Teigkugeln nebeneinander auf ein leicht gefettetes, bestäubtes Blech setzen und bei Mittelhitze goldbraun backen. Nach Belieben mit Zuckerglasur verzieren.

Springerle (Anisplätzchen)

250 g Staubzucker, 2 Eier, 1 Eßlöffel Milch, $^1/_2$ Teelöffel Hirschhornsalz,
$^1/_2$ Teelöffel Anispulver, 300 g Mehl.

Staubzucker, Eier und Milch recht gut verrühren, sofern kein elektrisches Gerät vorhanden ist, etwa 20 Minuten. Unter die cremige Masse das in einem Eßlöffel Wasser aufgelöste Hirschhornsalz, das Anispulver und nach und nach das gesiebte Mehl rühren. Den gekneteten Teig mit Mehl bestäuben und etwa 1 cm stark ausrollen. Mit dem Modelholz in Springerle einteilen und entsprechend ausschneiden. Mehrere Stunden, am besten über Nacht, kaltgestellt trocknen lassen. Auf gefettetem Blech bei mäßiger Hitze etwa 25 Minuten backen, erst kurz vor Beendigung der Backzeit nachsehen. Die zunächst harten Springerle eine Woche lang mit einem Tuch bedecken und danach in verschlossenem Gefäß aufbewahren.

Knecht-Ruprecht-Kuchen

375 g Zucker, 3 Eier, 375 g Mehl, 175 g Mandelstifte,
80 g geraspeltes Zitronat, abgeriebene Zitronenschale,
1 Päckchen Pfefferkuchengewürz, 5 g Hirschhornsalz,
3 Eßlöffel Kaffee-Extrakt, Salz, Schokoladen-Fettglasur.

Zucker und Eier recht schaumig schlagen und nach und nach die übrigen Zutaten unterarbeiten. Mindestens über Nacht rasten lassen. Nochmals durcharbeiten und etwa 1 cm stark ausrollen. In Rechtecke von 4 × 8 cm teilen und auf gefettetem, bestäubtem Blech bei Mittelhitze backen. Sofort mit Schokoladen-Fettglasur überziehen.

Printen

500 g Kunsthonig oder Sirup, 500 g Mehl, 75 g Zucker, je 2 Messerspitzen Ingwer und Nelken, je 1/2 Teelöffel Zimt, Koriander und Anis, 10 g Pottasche, 2 Eßlöffel Milch, 125 g heller Kandis.

Den erhitzten Honig vom Feuer nehmen. Mehl, Zucker und Gewürz vermischen und ebenso wie die in der Milch aufgelöste Pottasche zugeben. Den mehrere Tage gelagerten Teig nochmals durcharbeiten und dabei den gestoßenen Kandis zufügen. Etwa 3 mm stark ausrollen, rechteckige Printen ausschneiden, mit Zuckerwasser bestreichen und auf gefettetem, bestäubtem Blech bei mäßiger Mittelhitze backen. – Die Printen können vor dem Backen mit Ei bestrichen und mit gehackten Mandeln bestreut werden.

Würzbissen

125 g Sirup, 50 g Zucker, 2 bis 3 Eßlöffel Milch oder Kaffee-Extrakt, 40 g Margarine, knapp 2 Teelöffel Pfefferkuchengewürz, Salz, 300 g Mehl, reichlich 1/2 Päckchen Backpulver.

Sirup, Zucker, Milch und Margarine erhitzen und vom Feuer nehmen. Gewürz und das mit dem Backpulver gesiebte Mehl unterarbeiten. Von gleichmäßig geformten Röllchen Scheiben schneiden, auf gefettetem Blech mit Zuckerwasser oder in Milch aufgelöstem Sirup bestreichen und bei mäßiger Mittelhitze backen.

Weihnachtskeks

400 g Weizenmehl, 100 g Stärkemehl, 1/2 Päckchen Backpulver, 200 g Zucker, 1 Päckchen Vanillinzucker, je 1/2 Teelöffel Zimt, gemahlene Nelken und Ingwer, Salz, 100 g geriebene Walnüsse, 2 Eier, 250 g Margarine; Zitronenglasur.

Mehl und Backpulver sieben und mit den übrigen Zutaten rasch verkneten. Mindestens 30 Minuten rasten lassen, ausrollen und beliebig ausstechen. Auf gefettetem Blech bei Mittelhitze backen und mit Zitronenglasur überziehen.

Vesperkuchen

125 g Sirup oder Kunsthonig, 200 g Margarine, 125 g Staubzucker, 300 g Mehl, 200 g Stärkemehl, 1 Päckchen Backpulver, 2 Teelöffel Zimt, je 1 Teelöffel gemahlene Nelken und Ingwer, je eine Prise Pfeffer und Salz, 2 Eßlöffel Rum, Mandeln.

Sirup, Margarine und Staubzucker erhitzen und nach Abkühlung mit den übrigen Zutaten verarbeiten. Den Teig in einer gefetteten, ausgestäubten Ringform bei Mittelhitze backen. Nach dem Erkalten stürzen und mit Mandelhälften bestecken. – Der Teig kann ohne Backpulver, dafür mit reichlich je 1 Teelöffel Pottasche und Hirschhornsalz bereitet werden, die in der Flüssigkeit getrennt aufzulösen sind.

Pfeffernüsse

*150 g Zucker, 2 Eier, Salz, 250 g Mehl,
je eine gehäufte Messerspitze Pfeffer und gemahlene Nelken,
$^1/_2$ Teelöffel gemahlener Ingwer.*

Zucker, Eier und Salz recht schaumig schlagen, sofern kein elektrisches Gerät vorhanden ist, etwa 20 Minuten. Nach und nach das mit dem Gewürz gesiebte Mehl unterarbeiten. 2 bis 3 cm starke Rollen daraus formen, in Scheibchen schneiden und bei Mittelhitze auf gefettetem Blech backen.

Englische Pfefferkuchen

*2 Eier, 125 g Margarine, 225 g Zucker, 175 g Kunsthonig oder Sirup,
3 geriebene bittere Mandeln, 2 Teelöffel Gewürze
(Ingwer-, Nelken-, Zimt- und Muskatpulver), Salz,
75 g geraspeltes Zitronat, 500 g Mehl, reichlich 1 Päckchen Backpulver.*

Eier, zerlassene, abgekühlte Margarine und Zucker schaumig rühren, nach und nach die übrigen Zutaten zugeben. Den gründlich durchgearbeiteten Teig zu Kugeln formen und auf gefettetem Blech bei Mittelhitze backen. Nach Möglichkeit mit einer leicht rosa gefärbten Zuckerglasur überziehen und mit Zitronateckchen garnieren.

Hokuspokuskuchen

*175 g Margarine, 1 Tüte backfertiges Kuchen- oder Tortenmehl,
1 Eßlöffel Pfefferkuchengewürz, 50 g gehackte Nüsse oder Mandeln,
50 g geraspeltes Zitronat, 50 g Korinthen.*

Die Margarine erwärmen und nach dem Abkühlen die übrigen Zutaten unterarbeiten. Den Teig auf ein gefettetes, bestäubtes Blech streichen. Bei mäßiger Mittelhitze backen und sofort in Stücke schneiden.

Früchtekuchen

*3 Eier, 200 g Zucker, 250 g Mehl, abgeriebene Zitronenschale,
je $^1/_2$ Teelöffel Nelken und Zimt, Salz, 65 g gehackte Mandeln,
darunter 5 Stück bittere, 50 g gehackte Nüsse, 80 g geraspeltes Zitronat,
50 g gehackte Feigen oder Datteln, 80 g Sultaninen, 20 g Korinthen,
5 g Pottasche, 5 g Hirschhornsalz, etwa 4 Eßlöffel Weinbrand oder Rum.*

Eier und Zucker recht gut verrühren, so daß eine dickschaumige Masse entsteht. Das gesiebte, mit dem Gewürz vermischte Mehl und nach und nach auch die übrigen Zutaten – die Triebmittel getrennt im Weinbrand aufgelöst – zugeben. Den gründlich verarbeiteten Teig in eine gefettete Kranz- oder Ringform füllen und bei Mittelhitze etwa 50 Minuten backen. Nach Wunsch glasieren und mit Mandel- oder Nußhälften oder mit Trockenobst garnieren.

Gewürztorte

100 g Margarine, 100 g Zucker, 2 Eier,
1 Teelöffel Pfefferkuchengewürz, 3 Teelöffel Kakao,
100 g Nüsse oder Mandeln, darunter 4 Stück bittere Mandeln,
12 Eßlöffel Milch, 250 g Mehl, 1/2 Päckchen Backpulver, Salz, Rumglasur.

Die schaumig geschlagene Margarine, Zucker und Eigelb verrühren, Pfefferkuchengewürz, Kakao, gehackte Nüsse und geriebene Mandeln, Milch und das mit dem Backpulver gesiebte Mehl zugeben. Die leicht gesalzenen Eiweiß zu steifem Schnee schlagen und unter den Teig heben. In gefetteter, ausgestäubter Form bei Mittelhitze backen und nach dem Erkalten stürzen. Mit Rumglasur überziehen oder damit verzieren.

Schwarzer Peter

125 g Margarine, 200 g Marmelade, 75 g Zucker,
1/2 Päckchen Vanillinzucker, Salz, 100 g Haferflocken oder Kokosraspel,
1 bis 2 Eßlöffel Kakao, 300 g Mehl, 3/4 Päckchen Backpulver.

Die schaumig geschlagene Margarine mit Marmelade, Zucker und Gewürz verrühren. Nach und nach Haferflocken oder Kokosraspel und das mit Kakao und Backpulver gesiebte Mehl unterarbeiten. Den Teig in einer gefetteten Form bei Mittelhitze etwa 50 Minuten backen. Nach Wunsch glasieren oder nur mit Staubzucker besieben.

Würzbrot

4 Eiweiß, 2 Eigelb, 125 g Zucker, 1 Päckchen Vanillinzucker, Salz,
1 1/2 Teelöffel Pfefferkuchengewürz, Saft 1/2 Zitrone, 4 Eßlöffel Sahne,
150 g Korinthen, 15 grob zerschnittene Datteln, 250 g Mehl,
3/4 Päckchen Backpulver.

Die zu steifem Schnee geschlagenen Eiweiß mit Eigelb, Zucker, Vanillinzucker und Salz verrühren. Nach und nach die übrigen Zutaten unterarbeiten und den Teig in einer gefetteten, ausgestäubten Kastenform bei Mittelhitze etwa 50 Minuten backen.

Gefüllte Pfefferkuchenrolle

50 g Margarine, 100 g Zucker, Salz, 2 Eier, 75 g Mehl,
75 g geriebene Nüsse oder Mandeln, 50 g Sultaninen, 50 g Korinthen,
3 bis 5 geriebene bittere Mandeln, je 2 Eßlöffel Milch und Rum,
Hälfte der Pfefferkuchen-Knetteigmenge nach Grundrezept I oder II,
Aprikosenkonfitüre, beliebige Glasur.

Zur schaumig gerührten Margarine Zucker, Salz, Eier, gesiebtes Mehl, Trockenfrüchte und Flüssigkeit geben. Die rechteckige Pfefferkuchenteigplatte mit dieser Fülle bestreichen und aufrollen. In gefetteter, ausgestäubter Form bei Mittelhitze etwa 50 Minuten backen. Nach dem Erkalten stürzen, die Rolle mit erhitzter Aprikosenkonfitüre überziehen und sofort glasieren.

Pfefferkuchenbombe

Pfefferkuchen-Rührteig, nicht mit Kaffee-Extrakt,
sondern mit 30 g Kakao und 4 Eßlöffel Weinbrand bereitet, 150 g Korinthen,
100 g Mandeln, darunter 4 Stück bittere, abgeriebene Zitronenschale,
100 g Zitronat, ½ Glas Aprikosenmarmelade, Schokoladenglasur.

Unter den Pfefferkuchen-Rührteig vorbereitete Korinthen, gehackte Mandeln, abgeriebene Zitronenschale und geraspeltes Zitronat mischen. Den Teig in einer hohen gefetteten, ausgestäubten Form bei Mittelhitze etwa 45 Minuten backen. Nach dem Erkalten mit heißer Marmelade überziehen und sofort glasieren. – Der Teig kann auch in gefetteten Konservendosen aus Weißblech gebacken oder in etwa 4 cm hohe Ringe aus dem gleichen Material gefüllt werden, die auf einem gefetteten Blech liegen.

Pfefferkuchentörtchen

Hälfte der Pfefferkuchen-Knetteigmenge nach Grundrezept,
100 g Zucker, 3 Eßlöffel Wasser, 1 Ei, 1 Teelöffel Zitronensaft,
125 g Kokosraspel.

Mit dem etwa 5 mm stark ausgerollten Teig kleine gefettete Formen auslegen. Zucker und Wasser dick verkochen und sofort bei ständigem Schlagen unter den steifen Eischnee ziehen, mit Zitronensaft und Kokosraspeln vermischen. Die Förmchen mit dieser Masse füllen, obenauf ein ausgestochenes Teigstückchen legen, mit verquirltem Eigelb bestreichen und bei Mittelhitze etwa 20 Minuten backen. – Eine andere Fülle für Pfefferkuchentörtchen besteht aus Eiern, Zucker, gehackten Nüssen, Sultaninen, Korinthen und Rum oder Weinbrand.

Nougattorte

Pfefferkuchen-Rührteig nach Grundrezept, 100 g Pflanzenfett,
100 g geriebene Schokolade, 100 g Staubzucker, 65 g geriebene Mandeln,
65 g geröstete, feingeriebene Nüsse, 4 Eßlöffel Sahne, kondensierte Milch
oder Rum, 4 Eßlöffel starker Kaffee-Extrakt,
Konfekt oder Kleingebäck zum Garnieren.

Den Pfefferkuchenteig in einer gefetteten, ausgestäubten Springform bei Mittelhitze etwa 50 Minuten backen. Nach dem völligen Erkalten quer durchschneiden. In dem zerlassenen Pflanzenfett die übrigen Zutaten verrühren. Mit dieser Nougatmasse die Torte füllen und ringsum bestreichen. Konfekt oder kleine Gebäckstücke zum Garnieren verwenden.

Pulsnitzer Torte

Pfefferkuchen-Rührteig nach Grundrezept, Aprikosenkonfitüre,
Krokantfüllung, siehe Seite 138, Schokoladenglasur, Mandelhälften.

Den Pfefferkuchen-Rührteig in einer vorbereiteten Springform backen. Nach dem völligen Erkalten durchschneiden. Mit Aprikosenkonfitüre und Krokantfüllung bestrichen zusammensetzen, mit Schokoladenglasur überziehen und mit Mandelhälften garnieren.

Vollkorngebäck

Weißgebäck schmeckt ausgezeichnet, es sättigt auch, aber für die Gesunderhaltung des Organismus hat es nur einen äußerst geringen Wert. Deshalb ist es auch in einem Backbuch mit so vielen verlockenden Weißmehlrezepten unerläßlich, mit allem Nachdruck zu empfehlen, den Verbrauch von Weißmehlgebäck auf Sonn- und Feiertage zu beschränken. Das gilt in besonderem Maße für Kinder, denn für deren gesunde Entwicklung sind die Vollkornerzeugnisse mit ihrem hohen Gehalt an Vitamin B und E, an Phosphor, Kalium, Kalk, Eisen und Jod, an Lezithin, Protein und Lipoiden unentbehrlich. Diese Tatsache berücksichtigend werden vom Handel bereits Vollkornzwieback und -keks angeboten. Da es Kindern beim Verlangen nach Backware in erster Linie um den süßen Geschmack geht, sollte Vollkorngebäck auch im Haushalt viel öfter bereitet werden. Als Vollkornerzeugnisse fürs Backen werden hauptsächlich Hafermark, Haferflocken und Schrot (meist vom Weizen) verwendet. Da Haferprodukte einen etwas höheren Fettgehalt haben als andere Getreideerzeugnisse, ist die Haltbarkeit begrenzt. Zu lange aufbewahrte Haferprodukte verderben mit einem bitteren Geschmack das Gebäck. Bei Haferflocken, die vor dem Verbrauch geröstet werden sollen, ist es vorteilhaft, sie vorher abzusieben. Die folgenden Rezepte sind als Anregung gedacht, ein Teil der in anderen Kapiteln angegebenen Teige läßt sich ohne weiteres auch mit Vollkornerzeugnissen herstellen.

Haferkeks

150 g Hafermark, 100 g Margarine, 100 g Zucker, Salz,
5 bis 6 geriebene bittere Mandeln.

Das Hafermark mit den übrigen Zutaten verkneten. Der Teig soll geschmeidig sein, gegebenenfalls noch ein paar Tropfen Wasser zufügen. Ausrollen und runde Plätzchen ausstechen. Bei Mittelhitze goldbraun backen. Die Keks laufen breit und werden dadurch besonders knusprig. – Der Teig wird fester, wenn 50 g Mehl zugesetzt werden.

Haferflockenkeks

80 g Margarine, 50 g Zucker, 1 Päckchen Vanillinzucker,
Salz, 1 bis 2 Eier, 65 g geriebene Nüsse oder Kokosraspel,
200 g gehackte Haferflocken, 75 g Mehl, 1/2 Päckchen Backpulver.

Unter die schaumig geschlagene Margarine nach und nach die übrigen Zutaten arbeiten. Den glatten Teig ausrollen, Keks ausstechen und bei Mittelhitze backen. – Es können jeweils zwei Keks mit Marmelade oder Lukullusmasse zusammengesetzt werden.

Markplätzchen

100 g Margarine, 100 g Zucker, Salz,
abgeriebene Zitronenschale, 1 Ei, 150 g Mehl,
100 g Hafermark, 1/2 Teelöffel Backpulver, 25 g Mandeln
oder Nüsse, darunter 4 Stück bittere Mandeln, verquirltes Ei.

Margarine, Zucker, Gewürz und Ei schaumig schlagen, das mit Mehl und Hafermark vermischte Backpulver und die geriebenen Mandeln unterarbeiten. Den Teig entweder ausrollen und ausstechen oder als kleine, auf dem Handteller breitgedrückte Plätzchen auf ein gefettetes Blech legen, mit verquirltem Ei bestreichen und bei Mittelhitze backen. – Die Markplätzchen können in eine beliebige Glasur getaucht oder mit einer der auf Seite 135 angegebenen Füllungen bestrichen werden.

Würzkränzchen

200 g Haferflocken, 30 g Margarine, 2 Eier, 125 g Zucker,
je 1/2 Teelöffel Zimt und Anis, Salz, 100 g Mehl,
1/2 Päckchen Backpulver, 125 g Korinthen, Kaffee-Extrakt.

Die zerkleinerten Haferflocken in der erhitzten Margarine leicht rösten. Eier, Zucker, Gewürz, das mit dem Backpulver gesiebte Mehl und die gehackten Korinthen unterarbeiten. So viel Kaffee-Extrakt zugießen, daß ein gut formbarer Teig entsteht. Kirschgroße Kugeln daraus formen und jeweils 4 oder 5 Stück zu einem Kränzchen auf ein gefettetes Blech legen. Bei Mittelhitze backen und kurz vor Beendigung der Backzeit möglichst mit verquirltem Ei bestreichen.

Schrotwecken

*125 g Margarine, 125 g Zucker, 2 bis 3 Eier,
3 bis 5 bittere Mandeln, Salz, 250 g Weizenschrot,
100 g gemahlener Mohn, 3/4 Päckchen Backpulver,
3 bis 5 Eßlöffel Milch.*

Zur schaumig geschlagenen Margarine nach und nach die übrigen Zutaten rühren. Gleichmäßig geformte Teigkugeln etwas flach drücken und auf gefettetem Blech möglichst mit verquirltem Ei oder mit Milch bestreichen und bei Mittelhitze etwa 15 Minuten backen. Schrotwecken, mit Butter bestrichen, eignen sich als Wanderproviant.

Schmalzkeks

*175 g Margarine- oder Butterschmalz, 175 g Zucker, Salz,
1 Päckchen Vanillinzucker, abgeriebene Zitronenschale, 1 Ei,
375 g Weizenschrot, 2 bis 3 Eßlöffel saure Sahne, Zuckerglasur.*

Schmalz, Zucker und Gewürz recht schaumig schlagen, nach und nach Ei, Weizenschrot und Sahne zugeben. Möglichst eine Stunde kühl gestellt rasten lassen. Ausrollen, ausstechen und auf gefettetem, bestäubtem Blech bei Mittelhitze goldbraun backen. Mit Zuckerglasur verzieren.

Schroträllchen

*100 g Margarine, 100 g Zucker, Salz, 1 Päckchen Vanillinzucker,
1 Ei, 50 g geriebene Nüsse, 100 g feinzerkleinertes Trockenobst,
100 g Mehl, 100 g Weizenschrot.*

Unter die schaumig geschlagene Margarine nach und nach die übrigen Zutaten arbeiten, mit dem Mehl kann je 1 Teelöffel Backpulver und Kakao gesiebt werden. Recht trockenes Obst läßt sich mit der Mandelmühle zerreiben. Aus dem 30 Minuten kühl gestellten Teig gleichmäßige Röllchen formen und auf gefettetem, bestäubtem Blech bei Mittelhitze backen. Die Röllchen können nach Wunsch glasiert werden.

Knabberkuchen

*125 g Margarine, 100 g Zucker, Salz,
1/2 Teelöffel abgeriebene Zitronenschale, 1 Ei,
150 g Kinder-Hafermehl, knapp 1 Teelöffel Backpulver,
Marmelade, Staubzucker.*

Margarine, Zucker, Gewürz und Ei recht schaumig rühren, das mit dem Backpulver gesiebte Mehl zugeben und den Teig dünn auf ein gefettetes Blech drücken. Bei Mittelhitze etwa 20 Minuten backen, in schmale Stücke schneiden und jeweils zwei mit Marmelade zusammensetzen. Die Kuchenstückchen mit Staubzucker besieben und mit Marmeladetupfen garnieren.

Die Baisermasse

Die Baisermasse ist auch als Merinken-, Japonais- oder Windmasse bekannt. Bleibt in der Küche einmal Eiweiß übrig – beispielsweise bei der Bereitung von Eierlikör –, dann bietet dafür die Baisermasse eine der beliebtesten Verwendungsmöglichkeiten.

Grundrezept I

4 Eiweiß, Salz, 180 g Zucker, 1/2 Päckchen Vanillinzucker oder eine Messerspitze abgeriebene Zitronenschale.

Die gut gekühlten, leicht gesalzenen Eiweiß schlagen und erst gegen Ende der Schlagzeit nach und nach die Hälfte des Zuckers zugeben. Den restlichen Zucker und den Vanillinzucker zuletzt mit einem Holzlöffel unterheben, damit die Masse ihre luftige Konsistenz nicht verliert. Nach Rezeptvorschrift verarbeiten.

Grundrezept II

6 Eiweiß, Salz, 100 g feiner Zucker, 150 g Staubzucker, 1 Päckchen Vanillinzucker.

Die gut gekühlten, leicht gesalzenen Eiweiß nahezu steif schlagen. Zunächst die Hälfte des klaren Zuckers zugeben, nochmals schlagen und den übrigen klaren Zucker zuschüt-

ten. Den gesiebten Staubzucker zuletzt mit einem Holzlöffel unter den steifen Eischnee heben. Mit Vanillinzucker würzen. Nach Rezeptvorschrift verarbeiten.

Dran gedacht – gut gelungen: Die Baisermasse ist kein Teig im üblichen Sinne, sondern nur ein sehr zarter Schaum. Deshalb verlangt sie auch besondere Sorgfalt beim Bereiten und Backen. Grundbedingung ist, daß flott und ohne Unterbrechung gearbeitet wird, d. h. die geschlagene Masse muß sofort in den Ofen kommen, weil die Eiweißbläschen sonst zusammenfallen und nicht wieder aufgeschlagen werden können. Baisermasse kann zwar auf einem gefetteten oder gewachsten, bemehlten Blech gebacken werden, wird aber lieber auf Papier gegeben und damit auf das bereits heiße Backblech gezogen. Besonders für Ungeübte ist vorteilhaft, Formen (Kreise, Rechtecke, Dreiecke o. a.) auf das Papier zu zeichnen und diesen Linien entsprechend die Baisermasse aufzuspritzen. Die Baisermasse soll bei sehr milder Hitze – nicht mehr als 100 Grad – mehr trocknen als backen. Dabei soll die Türe des Ofens einen Spalt geöffnet bleiben, damit die sich bildende Feuchtigkeit rascher verdampfen kann. Die Backzeit hängt von der Stärke des Gebäcks ab, sie kann mehr als 2 Stunden betragen. Baisermasse soll hell (weißgelblich) aussehen und innen völlig trocken geworden sein. Klebrige Baisermasse ist nicht lange haltbar und ist auch geschmacklich nicht befriedigend. Die Baisermasse eignet sich sehr gut zum Garnieren von Torten oder Kleingebäck, wird aber auch gern in Verbindung mit Eiscreme, siehe gefüllte Baisers, verwendet.

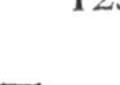

Baiserringe

Baisermasse nach Grundrezept, Schokoladencreme, siehe Seite 138, Schokoladenplätzchen oder -trüffel.

Die Baisermasse ringförmig auf Papier spritzen und auf heißem Blech bei milder Hitze trocknen lassen. Nach dem Erkalten jeden Ring mit einem dünnen Kranz Schokoladencreme bespritzen und mit Schokoladenplätzchen oder -trüffeln garnieren.

Mokkabaisers

Baisermasse nach Grundrezept II, 1 Teelöffel Kaffeepulver (Presto).

Bei der Bereitung der Baisermasse mit dem letzten Staubzucker das Kaffeepulver sieben. Die Masse auf Papier anordnen, den Bogen auf ein heißes Blech ziehen und bei milder Wärme trocknen lassen. – Mokkabaisers entstehen auch, wenn jeweils zwei Baisers mit Mokka-Buttercreme, siehe Seite 136, zusammengesetzt werden.

Frucht-Baisers

Baisermasse nach Grundrezept, 2 Eßlöffel rotes Fruchtgelee, Mandel- oder Nußhälften.

Die steife Baisermasse mit dem flüssigen, abgekühlten Fruchtgelee färben. Das Papier mit den Baisertupfen auf ein heißes Backblech ziehen, jedes Baiser mit einer Mandelhälfte garnieren und bei milder Wärme trocknen lassen. – Diese Baisers sind nicht so weiß wie die einfachen, haben aber einen kräftigeren Geschmack.

Butzliebchen

Baisermasse nach Grundrezept, 65 g geriebene, geröstete Nüsse, Schokoladenglasur.

Die Baisermasse und die Nüsse locker untereinanderheben. Entweder mit dem Spritzbeutel oder mit zwei Teelöffeln kleine Tupfen auf Papier setzen und auf heißem Blech bei geringer Hitze trocknen lassen. Nach dem völligen Erkalten mit Schokoladenglasur überziehen oder verzieren.

Gefüllte Baisers

Baisermasse nach Grundrezept, Schlagsahne, Schlagcreme, Buttercreme oder Speiseeis.

Die Baisermasse aus einem Beutel mit großer Tülle als dicke Tupfen (etwa 5 cm Durchmesser) auf Papier spritzen. Auf heißem Blech bei milder Wärme trocknen lassen. Nach völligem Erkalten vorsichtig leicht aushöhlen und jeweils zwei Baiserschalen mit steifer Schlagsahne, Creme oder Eis zusammensetzen.

Schokoladenschmätzchen

Baisermasse nach Grundrezept, 2 bis 3 Eßlöffel Kakao.

Mit dem letzten Zucker den Kakao vermischen und unter den steifen Eischnee ziehen. Entweder mit dem Spritzbeutel oder mit zwei Teelöffeln kleine Tupfen auf Papier setzen und auf heißem Blech bei milder Hitze trocknen lassen.

Mandelbaiser-Stäbchen

Baisermasse nach Grundrezept, 65 g geriebene Mandeln,
darunter 4 Stück bittere Mandeln.

Unter die Baisermasse rasch die geriebenen Mandeln ziehen und etwa 8 cm lange Streifen auf Papier spritzen. Auf heißem Blech bei milder Hitze trocknen lassen.

Baiserschnittchen

Zwiebäcke, Toastbiskuits oder Schlagkuchenscheiben,
Konfitüre, Baisermasse nach Grundrezept.

Die Zwiebäcke leicht mit Konfitüre bestreichen und mit Baisermasse überziehen. Auf gefettetem Blech bei milder Wärme trocknen lassen. – Für die Bereitung dieses Gebäcks eignet sich auch sehr gut eine der vorstehenden Baisermassen mit besonderer Geschmacksnote.

Weiße Fruchtschnitten

6 bis 8 Scheiben Sand- oder Schlagkuchen, 8 Eßlöffel Rum
oder Weinbrand, abgetropfte Früchte, 6 bis 8 Baisers.

Die Kuchenscheiben mit Rum beträufeln und mit abgetropften Früchten (auch Feinfrostobst) belegen. Auf jede Scheibe eine Baiserschale setzen. – Die Baisers können mit Schlagsahne oder Creme gefüllt sein und lassen sich auch auf Torteletts setzen.

Sahne-Baisertorte

Anderthalbfache Menge Baisermasse nach Grundrezept,
etwa $^3/_8$ l Schlagsahne oder -creme, 3 bis 4 Scheiben Ananas
oder andere zarte Früchte.

Zwei tellergroße Kreise auf Papier zeichnen und die Baisermasse so darauf spritzen, daß ein einfacher und ein verzierter (Gitter mit Rosettenkranz) Tortenboden entstehen. Das Papier auf ein heißes Backblech ziehen und die Böden bei mäßiger Wärme trocknen lassen. Unter die steifgeschlagene Sahne die abgetropften Ananaswürfelchen mischen. Damit den einfachen, auf eine Tortenplatte gelegten Baiserboden bestreichen und den verzierten Boden daraufsetzen. – Anstelle des unteren Baiserbodens kann ein Biskuitboden, siehe Seite 40, verwendet werden. Schlagsahne und Ananas lassen sich durch Schokoladen- oder Mokkacreme ersetzen. Eine runde, gitterförmige Baiserplatte kann auch auf eine fertige Obsttorte gelegt werden, die dadurch ein festliches Aussehen erhält.

Baiser-Makronentörtchen

Mandelmasse nach Grundrezept, siehe Seite 87, 1 Apfelsine, Baisermasse nach Grundrezept.

Die Mandelmasse reichlich halbvoll in leicht gefettete, ausgestäubte Törtchenformen füllen. Jeweils eine Apfelsinenspalte oder einen Apfelschnitz hineinstecken und bei mäßiger Mittelhitze etwa 15 Minuten backen. Auf jedes Törtchen Baisermasse spritzen und bei milder Wärme trocknen lassen. Die Baisermasse soll den Rand der Törtchenformen nicht berühren, damit sich die Törtchen gut herausheben lassen. – Anstelle von frischem Obst lassen sich auch Sultaninen oder Korinthen verwenden.

Erikaschnitten

1 Packung Feinfrost-Blätterteig, 1 Ei, Himbeerkonfitüre, Baisermasse nach Grundrezept, Schokoladentrüffel.

Die Blätterteig-Rechtecke an den Rändern ganz vorsichtig mit verquirltem Ei bestreichen (es darf nichts herunterlaufen!). In die Mitte jedes Teigstückes ein wenig Himbeerkonfitüre geben. Darüber Baisermasse spritzen und kreuzweise mit Blätterteigstreifchen belegen, die seitlich leicht angedrückt werden. Die Streifen ebenfalls vorsichtig mit dem verquirlten Eirest bestreichen und mit Schokoladentrüffel bestreuen. Bei milder Hitze backen lassen.

Und hier noch ein paar Rezepte, die zwar keine Baisermasse vorschreiben, aber ebenfalls eiweißreich sind oder zu einem ähnlichen Ergebnis, wie mit Baisermasse bereitet, führen:

Eiweißplätzchen

200 g Margarine, 375 g Zucker, 150 g geriebene Mandeln, 200 g Mehl, 8 Eiweiß, Salz, abgeriebene Zitronenschale.

Margarine und Zucker schaumig schlagen, nach und nach Mandeln und das gesiebte Mehl zugeben. Den leicht gesalzenen Eischnee und die Zitronenschale unterheben. Häufchenweise bei mäßiger Mittelhitze auf gefettetem Blech backen. Nach Wunsch mit Schokoladenglasur überziehen.

Prager Baisertörtchen

2 Eigelb, 80 g Staubzucker, 1 Päckchen Vanillinzucker, eine Messerspitze abgeriebene Zitronenschale, knapp 2 Teelöffel Stärkemehl, knapp 1/2 Teelöffel Backpulver.

Eigelb, Staubzucker, Gewürz, Stärkemehl und Backpulver recht gut miteinander verrühren und den Teig in gefettete, ausgestäubte Törtchenformen füllen. Bei milder Hitze backen. Wie alle Baisers trocken aufbewahren und vor dem Verbrauch entweder mit Schokoladenglasur überziehen oder mit Schlagsahne und Obst garnieren. Diese Baisertörtchen sind in der Tschechoslowakei auch ein beliebter Nachtisch.

Die Aufläufe

Wenn vom Backen die Rede ist, so muß auch zu den Aufläufen etwas gesagt werden. Sie sind zwar kein Gebäck im eigentlichen Sinne, verdanken aber doch Aussehen und Wohlgeschmack einem Aufenthalt in der Backröhre.

Ein Grundrezept gibt es für die Bereitung von Aufläufen nicht. Die Möglichkeiten der Zubereitung sind überaus vielfältig, vor allem, wenn auch die mit Eiermilch übergossenen und zum Überbacken in die Röhre gestellten Fleisch-, Fisch-, Gemüse- oder Kartoffelgerichte mit einbezogen werden. Doch davon soll später nur kurz die Rede sein! Der typische Auflauf besteht aus einer mehr oder weniger zarten Masse, die durch reichliche Eierzugabe – meist durch steifen Eischnee – in der heißen Ofenröhre, in der Gas- oder Elektroform zum Aufgehen bzw. Auflaufen gebracht wird. Besonders die zarten, also sehr eierreichen Aufläufe reagieren meist recht empfindlich auf Temperaturen, die unterhalb der Backhitze liegen. Da die Aufläufe aber im allgemeinen gleich im Backgefäß aus feuerfestem Glas oder Steingut aufgetragen werden, macht es keine Schwierigkeiten, sie ohne Verzug auf den Tisch zu bringen, so daß die Gefahr des Zusammenfallens weitgehend ausgeschaltet werden kann. Ebenso wichtig ist es auch, daß die bereitete Masse sofort in die gründlich gefettete feuerfeste Form gefüllt und gebacken wird, damit der steife Eischnee nichts von seiner Festigkeit einbüßt.

Die Aufläufe werden, ihrem Geschmack entsprechend, mit süßer oder herzhafter Tunke, mit Kompott oder Salat aufgetragen. So ergeben sie eine sehr beliebte und vollständige Mahlzeit.

Semmelauflauf

300 g Weißbrot, 1/4 l Milch, 75 g Margarine, 100 g Zucker, Salz, 5 bis 6 Eier, 1 Päckchen Vanillinzucker oder 4 bis 6 geriebene bittere Mandeln oder abgeriebene Zitronenschale.

Das in dünne Scheiben geschnittene Weißbrot in der Milch einweichen. Inzwischen Margarine, Zucker und Salz recht schaumig schlagen, nach und nach die Eigelb zugeben. Die zerpflückten Weißbrotscheiben unterrühren und die Masse mit einem der Gewürze abschmecken. Zuletzt den steifen Eischnee unterheben. In gut gefetteter Auflaufform bei Mittelhitze etwa 50 Minuten backen. – Die Semmelmasse kann durch Zugabe von 100 g geriebenen Mandeln oder Nüssen verfeinert oder statt süß auch herzhaft abgeschmeckt werden.

Schokoladenauflauf

Auflaufmasse wie für Semmelauflauf, 2 bis 3 Eßlöffel Kakao, 40 g geraspeltes Zitronat oder Orangeat.

Vor dem Eischnee unter die Auflaufmasse den möglichst mit zwei Eßlöffel Zucker vermischten Kakao und das Zitronat mengen. Wie Semmelauflauf backen.

Kirschmichel

Auflaufmasse wie für Semmelauflauf, 500 g entsteinte Kirschen, knapp 1 Eßlöffel Zimt, 1 Gläschen Rum oder Kirschgeist.

Bevor der Eischnee unter die Semmelmasse gehoben wird, Kirschen, Zimt und Rum daruntermengen. Wie Semmelauflauf backen. Mit einem leicht gebundenen Kirschmost als Tunke auftragen.

Winterauflauf

Auflaufmasse wie für Semmelauflauf, 150 g Datteln oder Feigen, 1 großer säuerlicher Apfel, etwa 10 Walnüsse.

Bevor der Eischnee untergezogen wird, die Semmelmasse mit den kleinen Dattel- und Apfelstücken und den grob gehackten Walnüssen vermengen. Wie Semmelauflauf backen. Als Ergänzung eignet sich eine Rotweintunke.

Einbackauflauf

4 bis 6 Riefen Einback, 50 g Zitronat, 50 g Nüsse, 75 g Sultaninen, abgeriebene Zitronenschale, 3/8 l Milch, 3 bis 4 Eier, 75 g Zucker, Salz.

Den Einback in Würfel schneiden, Zitronat und Nüsse hacken. In eine gefettete Form eine Schicht Einbackwürfel geben, darauf Zitronat, Nüsse, Sultaninen und abgeriebene Zitronenschale streuen und so fortfahren, bis die festen Zutaten aufgebracht sind. Milch, Eier, Zucker und Salz verquirlen und darübergießen. Bei Mittelhitze etwa 45 Minuten backen.

Frucht-Makronentorten · Mandeltorte

Kirschkuchen · zarter Fruchtkuchen

Waffeln

Springerle · Gewürztorte

Prasselkuchen · Anastasia-Brezeln · Äpfel im Blätterteigmantel

Früchtekuchen · Weihnachtsgebäck

Hörnchen · Haferflockenkeks · Quarkbrötchen

Windbeutel · Eclairs

Feiner Zwiebackauflauf

8 bis 10 Zwiebäcke, $^3/_8$ l Milch, 3 bis 4 Eier, Salz,
125 g Zucker, 1 Päckchen Vanillinzucker, abgetropftes Obst
(Pfirsichhälften, Stachelbeeren oder andere Früchte).

Eine gefettete Auflaufform mit Zwieback auslegen. Milch, Eigelb, Salz, 25 g Zucker und Vanillinzucker recht gut verquirlen und über den Zwieback gießen. Die Form in ein Gefäß mit warmem Wasser in die heiße Herdröhre stellen. Inzwischen die Eiweiß steif schlagen und den Zucker unterziehen. Auf die gestockten Eigelb Pfirsichhälften oder andere Früchte legen und mit dem Eischnee bedecken. Bei milder Hitze backen.

Grießauflauf

$^1/_4$ l Milch, Salz, 60 g Margarine, 75 g Grieß, 4 Eier,
80 g Zucker, 1 Päckchen Vanillinzucker oder Zitronenschale.

Milch, Salz und Margarine aufkochen, den Grieß unter Rühren einlaufen lassen und so lange weiterrühren, bis er sich als gebundene Masse vom Topfrand löst. Vom Feuer nehmen. Eigelb, Zucker und Vanillinzucker sehr gut verrühren, sofern kein elektrisches Gerät zur Verfügung steht, etwa 15 Minuten. Erst dann die abgekühlte Grießmasse zugeben. Zuletzt den steifen Eischnee unterheben. Die Auflaufmasse in eine gefettete Form füllen und diese in eine Schüssel mit heißem Wasser in die heiße Ofenröhre setzen. Bei guter Mittelhitze etwa 50 Minuten backen lassen, stürzen und mit einer Fruchttunke auftragen. – Die Auflaufform kann auch ohne Wasserschüssel in der üblichen Weise zum Backen in die Herdröhre gestellt und gleich in der Form auf den Tisch gebracht werden.

Reisauflauf

2 Tassen Reis, 5 Tassen Milch, 100 g Margarine, 75 g Zucker,
1 Päckchen Vanillinzucker, 4 Eier, 100 g Sultaninen, Salz.

Den vorbereiteten Reis in die kochende Milch schütten und darin ausquellen lassen. Inzwischen die schaumig geschlagene Margarine mit Zucker, Vanillinzucker und Eigelb verrühren. Den Reis und die gewaschenen, abgetropften Sultaninen zugeben. Zuletzt den leicht gesalzenen steifen Eischnee unterheben. Die Masse in einer gefetteten Auflaufform bei Mittelhitze etwa 50 Minuten backen.

Apfelreisauflauf

Reisauflaufmasse, 375 bis 500 g nicht zu saftreiche Äpfel,
50 g Mandeln, darunter einige bittere.

Bevor der Eischnee untergezogen wird, die Reismasse mit den geschälten, in Scheiben geschnittenen Äpfeln und den gehackten Mandeln vermengen. Wie Reisauflauf backen. – Die Oberfläche des Auflaufs kann vor dem Backen mit Butter betupft werden.

Schokoladenreisauflauf

Reisauflaufmasse, siehe Seite 129, 65 g Kakao, 65 g Zucker.

Kakao und Zucker recht gut vermischen und, bevor der Eischnee untergehoben wird, mit der Reismasse vermengen.

Schwäbischer Auflauf

1/8 l Milch, 75 g Margarine, 75 g Mehl, 4 bis 5 Eier, 75 g Zucker, 50 g geriebene Mandeln, Salz, frisches Obst.

Milch und Margarine aufkochen, das Mehl zuschütten und so lange auf kleiner Flamme rühren, bis sich ein Kloß vom Topfboden löst (siehe Brandteig). Vom Feuer nehmen und nach und nach die Eigelb unterarbeiten. Den Brandteig mit Zucker und Mandeln verrühren und zuletzt den leicht gesalzenen steifen Eischnee unterheben. In eine gefettete Auflaufform Obst legen, den Teig darüberziehen und bei Mittelhitze backen.

Fruchtauflauf

Auflaufmasse wie für Schwäbischen Auflauf,
3 bis 4 Eßlöffel dickes Fruchtmark oder 3 zerdrückte Bananen,
1 Eßlöffel Rum.

Bevor der Eischnee untergehoben wird, die Auflaufmasse mit Fruchtmark und Rum vermengen und in der üblichen Weise backen.

Mokkaauflauf

Auflaufmasse wie für Schwäbischen Auflauf,
aber anstelle von Milch mit 1/8 l starkem Kaffee bereitet,
2 bis 3 Teelöffel Presto.

Bevor der Eischnee untergehoben wird, die Auflaufmasse mit Presto (Kaffeepulver) vermengen. In der üblichen Form backen und mit Vanilletunke auftragen.

Wiener Milchauflauf

100 g Margarine, 2 bis 3 Eier, Salz, 80 g Zucker, 150 g Mehl, knapp 1/2 l Milch, Vanillinzucker.

Zur schaumig geschlagenen Margarine nach und nach Eier, Salz, 50 g Zucker und das gesiebte Mehl geben. Die Masse dreiviertelhoch in eine gefettete Form füllen. Bei nicht zu starker Hitze lichtbraun backen. Den Auflauf mit einem Messer mehrfach einschneiden und etwa 1/4 l gesüßte Milch darübergießen. Diese Milch in der heißen Röhre aufsaugen lassen, den Milchrest aufgießen und wieder einziehen lassen. Heiß mit Kompott oder einer warmen Vanilletunke auftragen.

Aufläufe entstehen auch, wenn beliebige Zutaten (gare Fleisch-, Fisch-, Kartoffel-, Gemüsestücke) in eine gefettete Auflaufform gegeben, mit Eiermilch (3/8 l Milch – 3 Eier) übergossen, mit geriebener Semmel oder Reibkäse bestreut und mit Butter- oder Margarineflöckchen betupft werden. Das Backen bei Mittelhitze dauert 30 Minuten.

Ohne zu backen

Auch ohne Herdröhre oder Backform lassen sich Spezialitäten für den Kaffee- oder Teetisch selbst bereiten. Das wird erfahrungsgemäß vor allem junge Menschen freuen, die gern gesellig sind und dabei doch sparsam wirtschaften möchten. Die folgenden Rezepte lassen sich ohne weiteres durch Hinweise aus dem Kapitel „Mürbeteig" ergänzen, siehe Seite 8, wenn davon ausgegangen wird, daß fertiggekaufte Tortenböden, Torteletts, Mürbchen, Keks oder Toastbiskuits verwendet werden. Alle Cremes, Füllungen und Glasuren von Seite 135 helfen ebenfalls, rasch ein appetitliches „Gebäck" zu bereiten. Als Beilage zu alkoholischen Getränken wird lieber pikantes Gebäck gereicht, weil es sich im Hinblick auf die Verträglichkeit des Alkohols nützlicher erweist als alles Süße. Die Auswahl an fertigen pikanten Backerzeugnissen wird zwar den meisten Ansprüchen gerecht werden, dennoch sei hier erwähnt, daß auch mit Waffelbrot und einer pikanten Füllung, siehe Seite 139, etwas sehr Appetitliches entstehen kann. Wird für die Bereitung aber eine Milch oder Eier enthaltende Creme oder auch frisches Obst empfohlen, so ist immer zu bedenken, daß die Haltbarkeit durch den fehlenden Backprozeß sehr begrenzt ist. Bei den meisten ungebackenen Spezialitäten wirkt es sich für deren ansprechendes Aussehen sehr günstig aus, wenn sie vor dem Auftragen ein Weilchen kühl gestellt werden können.

Maraschinotörtchen

Zitronenglasur, siehe Seite 142,
Maraschinofrüchte, Keks oder Mürbchen.

Zitronenglasur und feingehackte Maraschinofrüchte untereinandermischen und auf den Keks anordnen.

Nußbiskuits

65 g Butter oder Feinmargarine, 65 g Staubzucker, 1 Eigelb,
1 Eßlöffel Kakao, ein walnußgroßes Stück Pflanzenfett,
1 Eßlöffel Rum oder Weinbrand, 100 g geriebene Nüsse,
3 bis 4 Päckchen Toastbiskuits.

Butter und gesiebten Staubzucker schaumig schlagen, Eigelb, Kakao, tropfenweise das zerlassene Pflanzenfett, Rum und geriebene Nüsse unterrühren. Die Hälfte der Toastbiskuits mit dieser Masse bestreichen, jeweils ein zweites Biskuit auflegen und mit Nußcremetupfen garnieren. – Anstelle von Rum und Nüssen können 2 bis 3 Eßlöffel Kaffee-Extrakt zugegeben werden, so daß eine Mokkacreme entsteht.

Obsttörtchen

1 bis 2 Eier, 125 g Staubzucker, 65 g leicht geröstete Mandelsplitter
oder Haferflocken, darunter 3 bittere Mandeln, 6 Mürbchen,
frisches oder gut abgetropftes gedünstetes Obst, Salz.

Eigelb und die Hälfte des Staubzuckers schaumig schlagen, die gerösteten Mandeln zugeben und diese Creme auf den Mürbchen verteilen. Die Früchte darauflegen. Das leicht gesalzene Eiweiß nahezu steif schlagen, zuletzt den restlichen Staubzucker nach und nach unterziehen und als Häubchen obenauf setzen. – Werden die Eier im ganzen verwendet, dann kann mit Schlagcreme oder -sahne garniert werden.

Quarktörtchen

6 Torteletts, Himbeersirup, Kokosraspel, 1 Ei,
1 Päckchen Vanillinzucker oder abgeriebene Zitronenschale, Zucker,
500 g Quark, 1/4 l Kirschsaft, 1 Päckchen Götterspeise Kirschgeschmack,
gedünstete Kirschen.

Die Torteletts mit Himbeersirup bestreichen und mit Kokosraspeln bestreuen. Ei, Vanillinzucker, Zucker und nach Wunsch auch etwas Butter recht schaumig schlagen, den Quark zugeben und, sofern kein elektrisches Gerät zur Verfügung steht, die Masse durch ein Sieb streichen. Die mit 1/4 l Kirschsaft vorschriftsmäßig bereitete Götterspeise abgekühlt unter den Quark rühren und bei Beginn des Gelierens auf den Torteletts verteilen. Mit abgetropften Kirschen garnieren.

Apfeltörtchen

Mürbchen oder Keks, Konfitüre, kurz gedünstete Apfelhälften, 1 Päckchen Studentenfutter, 1 Päckchen heller Tortenguß.

Die Mürbchen mit Konfitüre bestreichen, aus den abgetropften Apfelhälften vorsichtig das Kernhaus entfernen und dafür Studentenfutter einfüllen. Mit der Wölbung nach oben auf die Mürbchen setzen und mit dem vorschriftsmäßig bereiteten Tortenguß überziehen. Nach Wunsch mit Schlagcreme oder -sahne garnieren.

Lukullus

300 g Kokosfett, 125 g klarer oder Staubzucker, 45 g Kakao, 2 bis 3 Eier, 2 Pakete Butterkeks (Tortenkeks).

Das Kokosfett auf kleiner Flamme zerlaufen lassen. Inzwischen Zucker, Kakao und Eier verrühren und das sich abkühlende Fett ganz allmählich, fast tropfenweise, zugießen. In eine mit Butterpapier ausgelegte Kastenform eine Schicht Lukullusmasse streichen, darauf Keks anordnen und so fortfahren, bis die Schokoladenmasse aufgebraucht ist, zuoberst sollen Keks liegen. Nach dem völligen Festwerden aus der Form stürzen und, nach Wunsch mit Mandelhälften oder Schokoladenplätzchen garniert, in Scheiben schneiden. – Durch die Zugabe von $^1/_2$ Teelöffel feingemahlenem Kaffee, 1 Eßlöffel Rum, $^1/_2$ Päckchen Vanillinzucker, 2 bis 3 geriebenen bitteren Mandeln oder ein wenig abgeriebener Zitronen- bzw. Apfelsinenschale läßt sich die Lukullusmasse geschmacklich verändern.

Lukullustorte

1 Mürbeteigboden, Lukullusmasse, siehe oben, kleine Gebäckstücke oder Schokoladenplätzchen.

Den Mürbeteigboden mit beliebig abgeschmeckter Lukullusmasse bestreichen und nach dem Festwerden garnieren.

Schokoladenzapfen

150 g Zwieback- oder Kuchenbrösel, 50 g geriebene Mandeln, darunter 3 bis 5 Stück bittere, 40 g Kakao, 200 g Staubzucker, 200 g Kokosfett, Waffelstäbchen.

Zwiebackbrösel (Kuchenbrösel leicht rösten), Mandeln, Kakao und gesiebten Staubzucker locker untereinandermischen. Das etwa zimmerwarme Kokosfett schaumig schlagen, nach und nach die Bröselmasse und nach Wunsch auch ein Gläschen Rum zugeben. Eine Zapfenform gründlich ölen, die Hälfte der Schokoladenmasse einfüllen, Waffelstäbchen auflegen und mit der restlichen Schokoladenmasse abdecken. Festdrücken, kalt stellen und stürzen. – Die Schokoladenmasse kann auch mit Feinmargarine oder Butter bereitet werden und eignet sich als Belag für einen Tortenboden oder Torteletts oder zur Herstellung eines Lukullus ebenfalls.

Ungebackene Fruchttorte

1 Glas Obst, ½ l Wein oder Obstsaft, ¼ l Wasser, 75 g Zucker, 30 g Gelatine, 12 bis 20 Mürbeteigkeks (je nach Größe), 100 g Kokosraspel.

Das Obst auf einem Sieb gut abtropfen lassen, Wein, Wasser und Zucker erhitzen, vom Feuer nehmen und darin die in wenig kaltem Wasser eingeweichte Gelatine auflösen. Eine dünne Schicht davon in eine nicht zu große ausgespülte Springform gießen. Nach deren Festwerden Keks auflegen, eine Lage Obst, nach Wunsch gleich mit den Kokosraspeln vermischt, folgen lassen. Vorsichtig Gelee auffüllen, erstarren lassen und wieder Keks auflegen. Den Gelatinerest darübergießen, so daß alle Lücken gleichmäßig ausgefüllt sind. Die Torte kalt stellen, vor dem Stürzen den Rand vorsichtig von der Form lockern und wenn gewünscht mit Schlagsahne oder -creme garnieren. – Eine ähnliche Torte entsteht, wenn eine Lage Keks oder Toastbiskuits mit warmem Pudding bestrichen, mit Früchten, Mandelsplittern und Sultaninen belegt und mit dicklich werdendem Gelee- oder Tortenguß überzogen wird.

Sahnecreme-Biskuittorte

2 Päckchen Toastbiskuits, starker Kaffee, Sahnecreme, siehe Seite 45, Paradiestorte, Früchte oder Pralinen.

Die Toastbiskuits mit starkem kaltem Kaffee anfeuchten und tortenbodenähnlich auf einer Platte anordnen. Die Sahnecreme entweder daraufstreichen oder -spritzen und mit Früchten oder Pralinen garnieren. – Durch Zugabe von ein wenig feinstgemahlenem Kaffee kann die Sahnecreme geschmacklich verändert werden, dann Moketten zum Garnieren verwenden. Eine sehr feine Torte entsteht ebenfalls, wenn frische trockene Erdbeeren unter die Sahnecreme gehoben werden.

Ungebackene Quarktorte

1 Mürbeteigboden, 2 Eier, 1 Päckchen Vanillinzucker, abgeriebene Zitronenschale, 100 g Zucker, Salz, 650 g Quark, ¼ l Wasser, 2 Eßlöffel Rum, 10 g Gelatine, 50 g gehackte Mandeln.

Den Mürbeteigboden auf eine Tortenplatte legen und, wenn gewünscht, mit Fruchtsirup bestreichen. Eigelb, Gewürz und Zucker recht schaumig schlagen, den Quark unterrühren und, sofern kein elektrisches Gerät zur Verfügung steht, durch ein Sieb streichen. Das Wasser aufkochen, vom Feuer nehmen, sofort den Rum zugießen und die in wenig kaltem Wasser vorgeweichte Gelatine darin auflösen. Nach völligem Erkalten ebenso wie den leicht gesalzenen steifen Eischnee unter die Quarkmasse ziehen und auf dem Tortenboden breitstreichen, einen Teil nach Wunsch auch aufspritzen. Mit gehackten, leicht gerösteten Mandeln bestreuen. – Anstelle von Wasser und Rum läßt sich auch Fruchtsaft verwenden. Dann kann unter die Quarkmasse noch geschmacklich zum Fruchtsaft passendes Obst gemischt werden.

Cremes und Füllungen

Bei einem Teil des in diesem Buch angegebenen Gebäcks werden bestimmte Cremes oder Füllungen empfohlen. Damit soll aber nicht gesagt werden, daß das gleiche Gebäck mit einer anderen Creme oder Füllung undenkbar ist. Gerade im Abwandeln liegt ein ganz besonderer Reiz. Mehr als bei den Füllungen ist es bei den Cremes wichtig, die Rezepte genau zu befolgen, denn der Creme fallen beim fertigen Gebäck zwei Aufgaben zu: sie soll den Geschmack verfeinern und zugleich Garnitur sein.

Dran gedacht – gut gelungen: Cremes sind im allgemeinen Mischungen mit einem hohen Fett-, mitunter auch Milchanteil. Deshalb verlangen sie stets eine kühle Temperatur. Das gilt bereits für die Zubereitung, denn wenn die schaumig geschlagene Butter oder Feinmargarine mit einer anderen Masse vermengt werden soll, so müssen beide unbedingt die gleiche kühle Temperatur haben. Ist Buttercreme tatsächlich einmal grießelig geworden, so kann ein kleines Stück Pflanzenfett oder notfalls auch Butter zerlassen und sofort rasch unter die Creme gerührt werden. In den meisten Fällen wird die Masse dadurch wieder gebunden. Es ist ratsam, Creme nach dem Bereiten noch einmal kühl zu stellen, weil sie sich dann exakter aufstreichen oder spritzen läßt. Creme bekommt mehr Stand und ist weniger anfällig, wenn zuletzt eine kleine Menge Gelatinelösung zugegeben wird, die unmittelbar vorm Gelieren steht. 5 bis 7 g Gelatine, in 5 bis 7 Eßlöffel kochendheißer Flüssigkeit aufgelöst, reichen vollkommen aus. Beim Spritzen können verschiedene Tüllen verwendet werden. Komplizierte Spritzgarnierungen sind heute nicht mehr üblich. Die Creme, die während des Spritzens meistens nicht ganz gleichmäßig aus dem Beutel gedrückt wird, kann von Zeit zu Zeit im flach aufgelegten Beutel mit einem Messerrücken nachgeschoben werden. Eine mit Creme gefüllte oder garnierte Torte läßt sich am besten in Stücke schneiden, wenn das scharfe Messer vor jedem Schnitt in heißes Wasser getaucht wird.

Vanillecreme

$^1/_4$ l Milch, 50 g Zucker, $^1/_2$ Päckchen Puddingpulver Vanillegeschmack, Salz, 3 Eiweiß.

Aus Milch, Zucker und Puddingpulver in der üblichen Weise einen Pudding kochen. Etwa ein Drittel des zusammen mit einer Prise Salz steif geschlagenen Eiweißes unter flottem Rühren ganz kurz darin aufkochen lassen. Vom Feuer nehmen, weiterrühren und den übrigen Eischnee unterheben. Eine wohlschmeckende, dabei aber sehr leichte und deshalb bekömmliche Creme!

Schlagcreme

125 g Feinmargarine, 15 g Kokosfett, $^1/_4$ l Milch, 1 Eigelb, 2 bis 3 Eßlöffel Zucker.

Margarine, Kokosfett und Milch erhitzen, bis das Fett völlig geschmolzen ist. Auf etwa 40 Grad abkühlen lassen, das Eigelb zugeben und drei Minuten elektrisch mixen. In einem hohen Gefäß, mit einem Tuch bedeckt, 24 Stunden in den Kühlschrank stellen. In einer breiten Schüssel schlagen – das ist auch mit dem Schneebesen, also mit der Hand, möglich – und zuletzt den Zucker nach Geschmack zugeben. – Eigelb und Kokosfett können bei dieser Cremebereitung auch wegbleiben, dann aber die Margarinemenge auf 150 g erhöhen.

Buttercreme

I. $^1/_2$ l Milch, 125 g Staubzucker, Salz,
1 Päckchen Puddingpulver Vanillegeschmack,
250 bis 300 g Butter oder Feinmargarine.

$^3/_8$ l Milch, Staubzucker und eine Prise Salz aufkochen und mit dem in der übrigen Milch angerührten Puddingpulver dicken. Während des Auskühlens hin und wieder rühren oder einen kleinen Teil des Staubzuckers erst nach dem Kochen darüberstreuen, damit sich keine Haut bildet. Die Butter recht schaumig schlagen und löffelweise den völlig erkalteten Pudding unterrühren. Ist der Pudding nicht ganz glatt und geschmeidig, dann muß er vorher durch ein Sieb gestrichen werden.

II. 250 g Butter oder Margarine, 200 g Staubzucker, 1 Eigelb.

Unter die schaumig geschlagene Butter nach und nach den gesiebten Staubzucker und das Eigelb rühren.

III. $^3/_8$ l Milch (auch halb Milch, halb Sahne),
1 Päckchen Puddingpulver Vanille-, Sahne- oder Mandelgeschmack,
75 g Zucker, Salz, 75 g Butter oder Feinmargarine.

In $^1/_8$ l Milch das Puddingpulver anrühren. Die übrige Milch, Zucker und eine Prise Salz aufkochen und mit dem Puddingpulver dicken. Sofort die Butter unterrühren und, wenn gewünscht, nach weiterer Abkühlung auch ein Eigelb. Während des Erkaltens von Zeit zu Zeit umrühren oder die Masse mit ein wenig Staubzucker besieben, damit sich keine Haut bildet.

Durch Zugabe von *Vanillinzucker, Kakao, Kaffeepulver, Kaffee-Extrakt, geriebenen Mandeln, abgeriebener Zitronenschale, wenig Fruchtsaft (Zitrone, Apfelsine, Ananas), Rum, Weinbrand, Arrak oder Fruchtlikör* kann der Geschmack der Buttercreme beliebig verändert werden.

Fruchtcreme

I. Buttercreme nach Grundrezept, 125 bis 150 g frische Früchte.

Unter die schaumig gerührte Buttercreme die recht gut abgetropften, gehackten Früchte mischen.

II. 1/2 l Apfelwein oder -saft, 1 Päckchen Puddingpulver Mandelgeschmack, 20 g Zucker, 200 g Butter oder Margarine, 125 g Staubzucker.

Aus Apfelwein, Puddingpulver und Zucker in der üblichen Weise einen Pudding bereiten. Während des Auskühlens mehrfach rühren. Zur schaumig geschlagenen Butter nach und nach den gesiebten Staubzucker und löffelweise den völlig erkalteten Pudding geben.

III. 10 g Gelatine, 3 bis 5 Eßlöffel Sauerkirschsaft, 1 Päckchen Vanillinzucker, Schlagcreme nach Grundrezept.

Die vorgeweichte Gelatine in dem gesüßten, kochendheißen Kirschsaft auflösen und bei Beginn des Gelierens unter die Schlagcreme oder -sahne ziehen.

Sahnecreme

Siehe Seite 45, Paradiestorte.

Weinschaumcreme

Siehe Seite 17.

Quarkcreme

100 g Butter oder Feinmargarine, 2 bis 3 Eier, 125 g Zucker, 2 Eßlöffel Rum, 1 Päckchen Vanillinzucker, Salz, 375 g Quark, 10 g Gelatine, 1/8 l Wasser, ein Stück Zitronenschale.

Zur schaumig geschlagenen Butter nach und nach Eigelb, Zucker, Rum und Gewürz geben. Den Quark unterrühren und, sofern kein elektrisches Gerät zur Verfügung steht, die Masse durch ein Sieb streichen. Die in ganz wenig kaltem Wasser vorgeweichte Gelatine in dem siedendheißen, aber nicht mehr kochenden Wasser, das mit Zitronenschale gewürzt wurde, auflösen und erkaltet unter die Quarkcreme rühren, sofort den steifen Eischnee unterheben.

Schokoladencreme

1/8 l Kaffee, 70 g Zucker, 3/8 l Milch, 1 Eßlöffel Kakao,
1 Päckchen Puddingpulver Schokoladengeschmack, 150 g Staubzucker,
250 g Butter oder Feinmargarine.

Kaffee, Zucker und 1/4 l Milch aufkochen. In der übrigen Milch Kakao und Puddingpulver anrühren und in die siedende Flüssigkeit geben, dabei den gesiebten Staubzucker zuschütten. Unter die schaumig geschlagene Butter löffelweise den völlig erkalteten Pudding rühren.

Käsecreme

2 Ecken Schmelzkäse oder 80 g Reibkäse, 125 g Feinmargarine,
1 Eßlöffel Tomaten- oder Paprikamark, Salz, Paprika.

Zum schaumig geschlagenen Schmelzkäse nach und nach die Feinmargarine rühren und die sahnige Masse mit den übrigen Zutaten kräftig abschmecken.

Westfälische Tortenfüllung

150 g geriebener Pumpernickel, eine halbe Tafel Schokolade,
2 Eßlöffel Zucker, 1/2 Päckchen Vanillinzucker, 1 Eßlöffel Fruchtsirup,
1 Eßlöffel Rum, etwa 1/4 l steife Schlagsahne oder -creme.

Zum Pumpernickel die geriebene Schokolade, Zucker, Vanillinzucker, Fruchtsirup und Rum geben, nach Wunsch noch mit 2 bis 3 geriebenen bitteren Mandeln abschmecken und die steife Schlagsahne unterziehen. – Anstelle von Schokolade läßt sich mit Zucker vermischter Kakao verwenden, die Zuckermenge dann verdoppeln.

Quarkfüllung

1 bis 2 Eier, 1 Päckchen Vanillinzucker, Salz, 50 g Zucker, 350 g Quark,
abgeriebene Zitronenschale oder 3 geriebene bittere Mandeln,
Sahne oder Milch, Korinthen oder Sultaninen.

Eier, Gewürz und Zucker recht schaumig schlagen, den Quark zugeben und so viel Sahne oder Milch unterrühren, daß eine geschmeidige Masse entsteht. Sofern kein elektrisches Gerät zur Verfügung steht, durch ein Sieb streichen. Zuletzt die Korinthen zugeben. – Soll diese Füllung mitgebacken werden, dann einen Eßlöffel Stärkemehl oder Puddingpulver unterarbeiten.

Mohnfüllung

Siehe Mohnkuchen, Seite 65.

Krokantfüllung

30 g Feinmargarine, 150 g Zucker, 100 g Nüsse
oder abgesiebte Haferflocken, 3 Eßlöffel Marmelade.

Feinmargarine und Zucker auf kleinster Flamme zergehen lassen. Die nicht zu fein gewiegten Nüsse oder Haferflocken zugeben und unter ständigem Rühren leicht bräunen. Vom Feuer nehmen und die Marmelade unterrühren. – Durch Zugabe von Vanillinzucker oder Kakao läßt sich die Krokantfüllung geschmacklich verändern.

Nougatfüllung

25 g Feinmargarine, 65 g Zucker, 30 g Nüsse, 65 g Butter,
65 g Staubzucker, 25 g Kakao, abgeriebene Zitronenschale.

Feinmargarine und Zucker erhitzen und ganz leicht bräunen lassen. Die gewiegten Nüsse unterrühren, vom Feuer nehmen und diese Krokantmasse auf einem geölten Teller breitstreichen. Unter die sahnig geschlagene Butter die übrigen Zutaten rühren, zuletzt den durch die Mandelmühle gedrehten Krokant zugeben. Ist die Masse noch zu feucht, dann recht fein gewiegte Nüsse oder Kuchenbrösel untermischen.

Echtes Marzipan

125 g süße Mandeln, 3 bis 5 Stück bittere Mandeln,
125 g Staubzucker, 1 Eßlöffel Rosenwasser oder Wasser.

Die gebrühten Mandeln abziehen und nach dem völligen Erkalten zweimal durch die Mandelmühle drehen. Den gesiebten Staubzucker untermischen und nochmals zweimal durch die Mandelmühle treiben. Erst dann die Flüssigkeit unterarbeiten. Die Marzipanmasse ausrollen und, sofern sie als Fülle bestimmt ist, der Gebäckgröße entsprechend ausschneiden oder ausstechen. – Statt süßer Mandeln können Haselnüsse verwendet werden. Dann aber die Nüsse zuvor in einem Sieb so lange über kleiner Flamme schütteln, bis sich die braunen Häutchen lösen.

Grießmarzipan

125 g Grieß, 5 geriebene bittere Mandeln, 125 g Staubzucker,
40 g Butter oder Feinmargarine, 1 bis 2 Eßlöffel Milch
oder Weinbrand.

Den möglichst feinkörnigen Grieß mit den übrigen Zutaten verarbeiten, ausrollen und, sofern als Füllung vorgesehen, der Gebäckstückgröße entsprechend ausschneiden.

Kartoffelmarzipan

Siehe Marzipanhorn, Seite 53.

Pikante Füllung

I. 200 bis 250 g Leberwurst, 2 bis 3 hartgekochte Eier,
Salz, Tomaten- oder Paprikamark, Kapern.

Die Leberwurst schaumig schlagen und mit den übrigen Zutaten vermengen. Recht pikant abschmecken. – Anstelle von Leberwurst läßt sich auch andere Wurst, Hackfleisch, gares Fleisch oder pikant abgeschmeckter Quark verwenden. Soll die Masse mitgebacken werden, ist es ratsam, etwa 1 Eßlöffel Stärkemehl zuzugeben.

II. Siehe Wurstrolle, Seite 57, oder kleine Piroggen, Seite 104.

Garnituren und Glasuren

Wenn auch aus einem sehr einfachen Teig keine Torte für hohe Ansprüche zu zaubern ist, so steht doch anderseits fest, daß sich mit ein wenig Geschick und Phantasie sowohl das Äußere als auch der Geschmack eines Gebäcks sehr verbessern lassen. Der gewünschte Effekt stellt sich ein, wenn bestimmte Grundsätze und Hinweise beachtet werden. So gilt also auch hier

Dran gedacht – gut gelungen: Es bedarf eigentlich keiner besonderen Erwähnung, daß peinliche Sauberkeit erste Grundbedingung fürs Garnieren ist. Deshalb gehören in greifbare Nähe eine Schüssel oder ein Topf mit heißem Wasser, ein feuchtes Tuch, ein trockenes Tuch, sauberes Besteck und, wenn möglich, auch eine Pinzette, mit der sich kleine Dinge leichter auflegen und notfalls etwas verschieben lassen. Die Garnitur soll den Geschmack des Backwerks wirkungsvoll ergänzen, d. h. – an einem sehr einfachen Beispiel erläutert – eine Schokoladen- oder Mokkatorte wird nicht mit Früchten garniert, sondern mit Schokoladenplätzchen, Pralinen oder Moketten.

Die einfachste Form der Oberflächen-Verschönerung ist bei verhältnismäßig festen Teigen das Bestreichen mit Zuckerwasser, Milch oder verquirltem Ei vor dem Backen. Dadurch entsteht auf dem fertigen Gebäck ein appetitlicher Glanz. Kleingebäck aus Knetteig läßt sich – ebenfalls vorm Backen – mit einem halbrunden Reibeisen oder mit einer Gabel rasch verzieren. Beliebt und unkompliziert ist auch das Zuckern der Oberfläche nach Mustern. Dazu wird, der Tortengröße entsprechend, ein Papierdeckchen gefaltet und in beliebigen Mustern ausgeschnitten, oder es wird ein geeignetes Plastedeckchen verwendet. Dieses Deckchen wird auf die Oberfläche der Torte gelegt und mit Staubzucker besiebt. Nach dem vorsichtigen Entfernen des Papiers ist dessen Muster auf der Torte sichtbar. Gebäck mit einer fetthaltigen Glasur (eine einfache Glasur bekäme rissige Linien) wird oft schon dadurch sehr wirkungsvoll, daß eine Gabel oder ein Tomatenmesser in gleichmäßigen Abständen oder Mustern durch die Glasur gezogen wird. Dunkle Glasurlinien auf einer hellen Glasurschicht ergeben rasch ein nettes Muster, wenn diese Linien in gleichmäßigen Abständen mit Messer oder Rouladennadel durchzogen und damit unterbrochen werden. Bei einer Torte entsteht auf diese Art ein „Spinnennetz", sofern die rund gezogenen Linien einmal von außen nach innen und einmal von innen nach außen unterbrochen werden.

Den Höhepunkt festlicher Garnituren bildet das Spritzen mit Creme oder Schlagsahne. Größe und Form der Spritztüllen bestimmen das Muster. Soll ein Gitter gespritzt werden, so wird zunächst in der Mitte des Gebäcks ein Kreuz gebildet. Erst beiderseits der Senkrechten, dann beiderseits der Waagerechten kommt jeweils eine Linie hinzu. So wird fortgefahren, bis die Oberfläche gleichmäßig überzogen ist. Aus Teig läßt sich – vor allem bei Obstkuchen – vor dem Backen in der gleichen Weise ein Gitter flechten. Spritzbeutel oder ein selbstgedrehtes Tütchen eignen sich übrigens auch dazu, Streuzukker, Schokoladentrüffel, gehackte Mandeln, Mohn oder Kümmel gleichmäßig auf den Gebäckstücken zu verteilen. Eine mit Creme überzogene Tortenoberfläche kann beispielsweise auch leichte Eindrücke eines oder verschiedener Ausstechförmchen für Keks erhalten, die dann mit Streuzucker, Schokoladentrüffeln, Kokosraspeln oder gehackten Mandeln ausgefüllt werden. Immer ist aber wichtig, daß eine Garnitur, ganz gleich welcher Art, nicht überladen wirkt.

Ein beliebtes Hilfsmittel beim Garnieren sind die Glasuren. Das Wesentlichste fassen wir auch hier wieder zusammen und sagen

Dran gedacht – gut gelungen: Für die Bereitung einer Glasur wird im allgemeinen Staubzucker verwendet. Er muß unmittelbar vor dem Verbrauch gesiebt werden, da Zuckerklümpchen auch bei flottem Rühren nicht zergehen. Beim Anrühren einer weißen Glasur dürfen keine Metallgefäße oder -löffel verwendet werden, weil sie die Farbe der Glasur beeinträchtigen können. Damit sich die Glasur beim Auftragen nicht mit Krümelchen vermischt, ist es ratsam, diese zuvor mit Bürste oder Pinsel zu entfernen. Gebäckstücke, die noch heiß mit erwärmter Aprikosenmarmelade bestrichen und erst dann glasiert werden – in der Fachsprache heißt das aprikotieren – bekommen einen ganz besonders schönen Glanz und guten Geschmack. Auf größeren Flächen läßt sich die Glasur am besten mit einem breiten Messer oder Teigschaber auftragen, bei kleinen Gebäckstücken wird sie gern aufgepinselt. Verzierungen, die aus einer andersfarbigen Glasur bestehen, können immer erst dann aufgetragen werden, wenn die unterste Glasurschicht völlig trocken geworden ist. Andernfalls laufen die Glasurlinien breit. Ein Holzstäbchen oder ein selbstgedrehtes Tütchen aus Butterbrotpapier sind am besten dazu geeignet, Verzierungen aufzutragen. Vor allem Glasuren, die ohne Fett bereitet worden sind, verlieren nach und nach an Feuchtigkeit und bekommen dadurch Risse. Deshalb sollen solche Glasuren nicht zu lange vor dem Verbrauch aufgetragen werden. Übriggebliebene Glasur läßt sich für einige Zeit aufheben, und sie trocknet weniger aus, wenn sie mit angefeuchtetem Butterbrot- oder Margarinepapier bedeckt wird. Sofern kein Eiweiß darin enthalten ist, kann ein Rest Fettglasur bei Bedarf nochmals kurz erhitzt werden.

Einfache Zuckerglasur

150 g Staubzucker, 3 Eßlöffel Wasser oder Milch.

Den gesiebten Staubzucker allmählich mit der möglichst heißen Flüssigkeit verrühren.

Eiweiß-Zuckerglasur

150 g Staubzucker, 1 Eiweiß, 1 Eßlöffel Wasser oder Milch.

Den gesiebten Staubzucker nach und nach recht gut mit den übrigen Zutaten verrühren.

Zucker-Fettglasur

150 g Staubzucker, 20 g Kokosfett.

Den gesiebten Staubzucker nach und nach mit dem kurz erhitzten Kokosfett verrühren.

Zitronenglasur

150 g Staubzucker, 2 Eßlöffel Zitronensaft,
1 Eßlöffel zerlassenes Kokosfett.

Den gesiebten Staubzucker mit Zitronensaft und erhitztem Kokosfett verrühren. – Anstelle von Zitronensaft ist auch anderer Fruchtsaft oder Fruchtsirup verwendbar.

Rumglasur

150 g Staubzucker, 3 Eßlöffel Rum, Weinbrand oder Likör.

Den gesiebten Staubzucker allmählich mit der Flüssigkeit verrühren. Diese Glasur hat keine reinweiße Farbe.

Mokkaglasur

I. 150 g Staubzucker, 2 bis 3 Eßlöffel starker Kaffee-Extrakt.

Beide Zutaten – den Kaffee-Extrakt möglichst heiß – recht flott untereinanderrühren.

II. 150 g Staubzucker, 3 Teelöffel Presto (Kaffeepulver),
1 Eiweiß.

Staubzucker und Kaffeepulver locker untereinandermischen bzw. sieben. Mit Eiweiß verrühren, bei Bedarf ein wenig Wasser zugeben.

Farbige Glasur

150 g Staubzucker, 2 bis 3 Eßlöffel Möhren-, Rotrüben-
oder Spinatsaft.

Beide Zutaten verrühren. – Anstelle von Saft läßt sich Speisefarbe nach Vorschrift verwenden.

Schokoladenglasur

150 g Staubzucker, 2 Eßlöffel Kakao, 3 bis 4 Eßlöffel Wasser.

Staubzucker und Kakao zusammen sieben und allmählich mit dem heißen Wasser verrühren.

Schokoladen-Fettglasur

150 g Staubzucker, 2 Eßlöffel Kakao, 3 Eßlöffel Wasser,
20 g Kokosfett.

Staubzucker und Kakao zusammen sieben, zunächst mit heißem Wasser, dann mit dem zerlassenen Kokosfett verrühren. – Schokoladen-Fettglasur gibt es auch fertig zu kaufen, sie braucht nur im Wasserbad erwärmt zu werden.

Speiseeis

Die Speiseeisbereitung im Haushalt macht unabhängig vom Angebot des Handels und ist mit Hilfe der Technik heute nicht mehr schwierig.

Am einfachsten ist es, wenn ein Kühlschrank mit Tiefkühlfach zur Verfügung steht. Er wird etwa eine halbe Stunde vor dem Hineinstellen der gefüllten Schale auf die kälteste Stufe geschaltet. Während des Gefrierens wird die Eismasse zwei- bis dreimal umgerührt. Dadurch wird die Zeit des Gefrierens verkürzt und die Konsistenz der Creme günstig beeinflußt.

Wenn es auch etwas umständlicher ist, so läßt sich ohne Kühlschrank ebenfalls Speiseeis bereiten. Die Eismasse wird in ein entsprechendes Einkochglas gefüllt, das in der üblichen Weise mit Gummiring und Spannfeder verschlossen wird. 1 kg zwischen Tüchern zerkleinertes Roheis wird mit etwa 350 g Viehsalz gut vermengt und in einen Eimer oder in ein Becken gegeben. In die Mitte wird das gefüllte Einkochglas gestellt und langsam hin und her gedreht. Nach etwa 15 Minuten wird das bereits Gefrorene vom inneren Glasrand abgeschabt – zuvor muß das Glas aber äußerst sorgfältig abgewischt werden, damit beim Öffnen kein Salzwasser in die Eiscreme tropft. Drehen des Gefäßes und Lockern der Eiscreme müssen so lange wiederholt werden, bis das Eis die gewünschte Konsistenz erhalten hat. Kann das auf diese Weise bereitete Eis nicht sogleich verbraucht werden, dann wird das Schmelzwasser abgegossen und durch neues, mit Viehsalz vermischtes Roheis ersetzt.

Für die Bereitung von Speiseeis im Haushalt bietet der Handel Eispulver an, das vor allem für das Gefrieren im Tiefkühlfach des Kühlschrankes bestimmt ist. Bei den folgenden Rezepten wird kein Eispulver benötigt. Die bei einem Teil der Rezepte angegebene Schlagcremeemulsion kann nach dem Rezept auf Seite 136 selbst bereitet oder in Bäckereien bzw. Konditoreien gekauft werden. Alle Eiscrememassen vertragen eine kleine Prise Salz. Sie werden mit einem kurz in heißes Wasser getauchten Löffel abgestochen und portionsweise angerichtet. Zum Garnieren eignen sich Cremes verschiedener Art, Früchte, Waffeln, Hippen und andere dezent schmeckende kleine Gebäckstücke.

Vanilleeis

$^1/_2$ l Milch, ein Stück Vanilleschote
oder 1 Päckchen Vanillinzucker, 65 g Zucker,
1 Eßlöffel Stärkemehl, 2 Eigelb.

$^3/_8$ l Milch, Vanilleschote oder Vanillinzucker und Zucker aufkochen, die Vanilleschote entfernen. In der restlichen Milch das Stärkemehl verquirlen und unter Rühren kurz in der Vanillemilch aufkochen lassen. Die Eigelb schaumig schlagen und nach und nach die noch heiße Milch unterrühren. Nach dem Erkalten gefrieren lassen. – Anstelle von 2 Eigelb läßt sich auch 1 ganzes Ei verwenden. Bleiben Stärkemehl und $^1/_4$ l der Milch weg, kann vor dem Gefrieren $^1/_4$ l steife Schlagcreme oder -sahne untergezogen werden. Vanilleeis – mit Trinkschokolade, Kakao, Kaffee oder Fruchtmilch aufgefüllt – gibt ein erfrischendes Getränk.

Schokoladeneis

100 g Schokolade, 65 g Zucker, $^1/_8$ l Milch,
$^1/_4$ l Schlagcremeemulsion oder Schlagsahne.

Die zerbröckelte Schokolade im Wasserbad zerlaufen lassen und mit Zucker und Milch verquirlen. Während des Erkaltens mehrfach rühren. Die steife Schlagcreme oder -sahne unterziehen und gefrieren lassen. – Anstelle von Schokolade können 20 bis 30 g Kakao und 30 g mehr Zucker verwendet werden. Schokoladeneis läßt sich durch die Zugabe gehackter Mandeln oder Nüsse verfeinern. Mit gekühlter Milch oder Vanilletunke läßt sich Schokoladeneis wirkungsvoll ergänzen.

Mokkaeis

$^3/_8$ l Milch, 65 g Zucker, 1 Eßlöffel Stärkemehl, 2 Eigelb
oder ganze Eier, etwa 12 g gemahlener Kaffee
oder $1^1/_2$ Eßlöffel Presto (Kaffeepulver).

$^1/_4$ l Milch und den Zucker aufkochen und mit dem in wenig Milch verquirlten Stärkemehl binden. Die Eigelb recht schaumig rühren. Den mit dem Milchrest gebrühten, durchgeseihten oder verrührten Kaffee allmählich unterschlagen, die gebundene Milch zugeben und die gut verrührte Masse gefrieren lassen.

Tee-Eis

1 bis 2 Eigelb, 80 g Zucker,
2 Teelöffel schwarzer Tee, $^1/_8$ l Milch, ein Schuß Rum
oder Arrak, $^1/_4$ l Schlagcremeemulsion oder -sahne.

Eigelb und Zucker recht schaumig rühren. Den Tee mit der siedenden Milch brühen, etwa 5 Minuten zugedeckt ziehen lassen, abseihen und nach und nach zur Eiermasse geben. Mit Rum abschmecken und die steife Creme oder Sahne unterziehen. In der angegebenen Weise gefrieren lassen.

Zitroneneis

3/8 l Milch, 1 Zitrone, 100 g Zucker, 1 Eßlöffel Stärkemehl, 2 Eier.

In der Hälfte der Milch die recht dünn abgezogene Schale einer halben Zitrone auskochen. Die Schale entfernen, die Zitronenmilch zuckern und darin das in dem Milchrest verrührte Stärkemehl aufkochen. Unter die schaumig geschlagenen Eier den Zitronensaft und allmählich die abgekühlte Milch rühren. Die Crememasse gefrieren lassen. – Anstelle von Zitrone ist Apfelsine verwendbar. Werden Zitrone und Apfelsine gemeinsam verwendet, ist der Geschmack so aromatisch, daß 1/8 bis 1/4 l steife Schlagcreme oder -sahne vor dem Gefrieren untergezogen werden kann.

Ananaseis

Etwa 150 g Ananas aus der Dose, 1 Ei, 5 Eßlöffel Ananassaft, 80 g Zucker, 1/4 l Schlagcremeemulsion oder -sahne.

Die gut abgetropfte Ananas klein schneiden. Ei, Ananassaft und Zucker recht schaumig rühren. Die Fruchtstückchen und die steife Schlagcreme unterheben. In der angegebenen Weise gefrieren lassen.

Fruchteis

1/4 l Fruchtmark (Himbeer, Erdbeer, Brombeer o. a.), 1 Päckchen Vanillinzucker, 65 g Zucker, 2 bittere Mandeln, 1/4 l Schlagcremeemulsion oder -sahne.

Das Fruchtmark (frischbereitetes oder tiefgefrorenes), Vanillinzucker, Zucker und die geriebenen bitteren Mandeln verrühren. Die steife Schlagcreme oder -sahne unterziehen und gefrieren lassen.

Nuß- oder Mandeleis

100 g Nüsse oder Mandeln, darunter 4 Stück bittere Mandeln, 1 gehäufter Eßlöffel Stärkemehl, 3/8 l Milch, 1 bis 2 Eigelb, 100 g Zucker.

Von den Nußkernen in der auf Seite 152 angegebenen Weise die braunen Häutchen entfernen, Mandeln in der üblichen Weise brühen und abziehen. Die geriebenen Nüsse oder Mandeln und das in wenig Flüssigkeit angerührte Stärkemehl in der Milch aufwallen und mindestens 20 Minuten stehenlassen. Eigelb und Zucker recht schaumig schlagen und allmählich mit der Milch verrühren. In der üblichen Weise gefrieren lassen. – Nuß- oder Mandeleis kann auch ohne Stärkemehl, dafür mit steifer Schlagcreme oder -sahne bereitet werden.

Wissenswerte Backwinke

Abwiegen der Backzutaten ist eine unerläßliche Vorarbeit, denn während des Backens läßt sich nicht wie beim Kochen durch nachträgliches Zugeben etwas ausgleichen. Wie auch ohne Waage die Mengenangaben eingehalten werden können, wird für die gebräuchlichsten Backzutaten auf Seite 155 gesagt.

Ausrollen gehört häufig zur Verarbeitung eines Knetteiges. Es ist dabei wichtig, daß das Backbrett vorher ausreichend mit Mehl bestäubt wird, damit der Teig nicht anklebt. Bei Blechkuchen kann der Teig auch gleich auf dem gefetteten Blech ausgerollt werden. Weiche Hefe- oder Backpulver-Knetteige lassen sich mit der Hand auf dem gefetteten Blech breitdrücken, so daß sich das Ausrollen erübrigt. Ausgerollte Teige, die ohne oder mit wenig Belag gebacken werden sollen, sind vorher mehrfach mit einer Gabel einzustechen, damit sich der Teig während des Backens nicht wölbt.

Ausstechformen gibt es in verschiedenen Arten. Sie lassen sich aber auch durch Gläser oder Tassen beliebiger Größe, durch eckige Dosen oder durch ein Kuchenrädchen ersetzen. In jedem Falle ist es zweckmäßig, sie ab und zu in Mehl zu tauchen, dann hängt der Teig nicht an. Das gilt auch für das Messer, mit dem die einzelnen Teigstücke auf das Blech gehoben werden.

Backen ist ein Garen in trockener Hitze. Für die meisten Gebäckarten ist Mittelhitze erforderlich, die – nach Grad bemessen – bei 180 bis 220 Grad liegt. Die Backröhre soll bereits die richtige Temperatur haben, wenn das Gebäck hineingestellt wird. Zu hohe Temperatur läßt das Gebäck vorzeitig bräunen, bevor es völlig durchgebacken ist. Zu niedrige Temperatur trocknet es durch einen zu langen Backprozeß aus. Flaches Gebäck (Kleingebäck, Blechkuchen) wird auf der mittleren Backröhrenleiste eingeschoben. Halbhohes Gebäck (Torten in Springformen) stehen auf dem Rost und der unteren Leiste. Hohes Gebäck, das langsam durchbacken muß (Napfkuchen, Stollen), gehört bei mäßiger Ofenhitze auf die untere Leiste. Zwei Bleche dürfen nicht gleichzeitig in die Röhre geschoben werden, da dann das eine Blech zu wenig Oberhitze und das andere zu wenig Unterhitze erhalten würde. Kuchen mit verschieden langer Backzeit können aber auf einem Blech gebacken werden. Dann kommt auf den hinteren Teil des

Bleches der Kuchen mit der längeren Backzeit, auf den vorderen Teil ein gefettetes Butterbrotpapier und der Kuchen mit der kürzeren Backzeit. Ist der vordere Kuchen gar, kann er leicht mit dem Papier heruntergezogen werden, ohne daß die Backzeit des hinteren Kuchens eine größere Unterbrechung erfährt. Ein Wrasenschieber an der Türe des Backherdes wird bei trockenem Gebäck gar nicht, bei nassem Kuchen etwa nach der halben Backzeit geöffnet. Die Backzeit wird zwar bei den meisten Rezepten angegeben, dennoch sind Abweichungen davon nicht ausgeschlossen. Bei flachem Gebäck läßt sich die Backzeit schon vom Äußeren her beurteilen, bei hohem Gebäck ist sie dann beendet, wenn sich ein in die Mitte des Gebäcks geschobenes Hölzchen trocken anfühlt. Empfindliche Kuchen können kurz in der abgeschalteten Röhre bleiben.

Backbleche beginnen zu rosten, wenn sie zu häufig mit Wasser gereinigt werden. Es ist deshalb zweckmäßiger, sie mit Papier, hin und wieder auch mit aufgestreutem Salz abzureiben. Ein Backblech soll vor der Benutzung gründlich, aber nicht zu stark gefettet werden, da das Gebäck sonst von unten her zu schnell bräunt. Bei einem Kuchen mit dünnflüssigem Teig oder Belag ist es erforderlich, auch die vierte Seite des Bleches zu schließen, damit nichts vom Blech herunterlaufen kann. Dafür läßt sich ein entsprechend zugeschnittenes Stück Holz, das mit Margarinepapier oder gefettetem Butterbrotpapier umwickelt wird, verwenden. Ist eine Fettpfanne (auch als Fettfangschale oder Grillpfanne bezeichnet) vorhanden, so ist sie für solches Gebäck am besten geeignet, da sie ringsherum einen höheren Rand hat. Der fertige Kuchen soll sobald als möglich vom Blech heruntergeschoben werden.

Backformen werden aus Metall, Steingut oder feuerfestem Glas hergestellt. In jedem Falle müssen sie gefettet und bei zarten Teigen auch mit Mehl oder Grieß ausgestäubt werden. Tortenteige entfalten sich in der Springform besser, wenn nur deren Boden und nicht der Rand mit gefettet wird.

Backöle und -aromen sind konzentrierte Zubereitungen von Geruchs- und Geschmacksstoffen natürlichen oder synthetischen Ursprungs, die dem Backwerk ein bestimmtes Aroma verleihen. Die Geschmacksrichtungen Bittermandel, Vanille, Rum und Zitrone sind besonders gefragt, und sie werden in der vorgeschriebenen Weise dann eingesetzt, wenn natürliche Gewürze und Aromaträger nicht greifbar sind. Backöle enthalten als Trägerstoff ausschließlich fette Öle. Alle im Handel angebotenen Backaromen und Backöle entsprechen den lebensmittelrechtlichen Bestimmungen.

Butter ist für die Teigbereitung absolut entbehrlich, da die im Handel befindlichen Margarinesorten mit den fürs Backen erwünschten Vorzügen hergestellt werden. Wird Wert auf einen butterigen Geschmack gelegt, so kann das Gebäck entweder noch warm oder erst vor dem Anschneiden mit zerlassener Butter bestrichen und danach leicht gezuckert werden. Das bekommt vor allem Blechkuchen, auch denen mit nassem Belag, ausgezeichnet. Doch auch Feinmargarine erfüllt den gleichen Zweck.

Bürsten, auch Pinsel, können ein wohlgeratenes Gebäck verderben, wenn das ihnen anhaftende Fett ranzig geworden ist. Deshalb sollten sie nach jedem Gebrauch in heißem Wasser gründlich ausgewaschen werden.

Cardamom, Caneel (Zimt) und andere Gewürze ermöglichen es, aus einem Grundrezept ganz verschiedene Teige bzw. Gebäcke entstehen zu lassen. Pulverisierte Gewürze werden mit dem Mehl gesiebt, damit sie sich gleichmäßig im Teig verteilen.

Dauergebäck wird in gut schließenden Gefäßen aufbewahrt. Solches Gebäck muß feuchtigkeitsarm, kann aber fettreich sein.

Dörrobst ist fürs Backen verwendbar. Es wird nicht nur für den Früchtekuchen gebraucht, auch in Füllungen oder als Belag kommt es schmackhaft zur Geltung. Anstelle von Sultaninen oder Korinthen kann ebenfalls kleingeschnittenes Dörr- bzw. Backobst genommen werden.

Dünstobst muß vor dem Verwenden Zeit zum Abtropfen haben, damit es während des Backens nicht zu viel Flüssigkeit absondert.

Eier sollen auch fürs Backen einwandfrei sein, für die Teigbereitung sind aber nicht unbedingt Frischeier erforderlich. Grundsätzlich wird jedes Ei erst in ein Töpfchen geschlagen, bevor es zu den übrigen Zutaten kommt. Eiweiß gibt schneller einen steifen Schnee, wenn eine Prise Salz oder ein wenig Zucker zugegeben wird und das Eiweiß zuvor recht kalt gestanden hat. Als steif kann Eischnee erst dann bezeichnet werden, wenn er schnittfest ist oder das beim Hochnehmen des Schlägers anhaftende Eiweiß unverändert fest bleibt. Eischnee fällt rasch zusammen und läßt sich dann nicht mehr aufschlagen. Zum Backen ist auch Eipulver verwendbar. Es muß trocken aufbewahrt, bei Verbrauch mit kaltem Wasser aufgelöst und eine kleine Weile stehengelassen werden. Eier machen ein Gebäck zwar gehaltvoller, aber auch trockener. Ei, das zum Bestreichen von Gebäck verwendet werden soll, wird mit ein wenig Milch verrührt. Dadurch läßt es sich besser auftragen und bräunt nicht so rasch. Enteneier dürfen nur für solches Gebäck verwendet werden, das eine Backzeit von mindestens 45 Minuten hat, da sie sonst gesundheitsgefährdend sein können.

Elektrische Geräte in verschiedenen Ausführungen erleichtern auch das Backen. Küchenmaschinen rühren, kneten, reiben, schnitzeln, raspeln, spritzen Gebäck, mixen Creme oder Belag, blasen oder schlagen Sahne oder Eischnee. Die Vorschrift zur richtigen Handhabung liegt zwar jeder Küchenmaschine und jedem Handrühr- und -mixgerät bei, dennoch sei hier noch einmal auf einige wichtige Punkte im Zusammenhang mit dem Backen hingewiesen. Bei einem Rührteig wird bei Verwendung eines elektrischen Gerätes von der üblichen Reihenfolge etwas abgewichen: erst werden Eier und

Zucker schaumig gerührt und dann erst wird die zimmerwarme, weiche Margarine flöckchenweise zugegeben. Würde die Margarine zuerst schaumig gerührt, bliebe sie zu leicht am Rührarm haften. Beim Reiben fliegt das Zerriebene oft in großem Bogen weg. Wird ein Plastebeutel oder nur eine einfache Tüte über die Trommelreibe gezogen und mit einem Gummiring befestigt, sammelt sich alles im Beutel, und es geht nichts verloren. Von Quark- oder anderen Cremenmassen wird zunächst nur eine kleine Menge gerührt und alles weitere nach und nach zugegeben. Sollen feste Nahrungsmittel (gedünstete Früchte, Fleisch für Pasteten, Füllungen o. ä.) mit Mixer zerkleinert werden, so ist stets ein wenig geeignete Flüssigkeit zuzugießen, bevor die Zerkleinerung beginnt. – Elektrische Backformen sind ebenso wie Gasbackformen bei der Bereitung von Kleingebäck, Kuchen oder Torten ein vollwertiger Ersatz für eine fehlende Herdröhre. Eine genaue Anleitung für den Gebrauch liegt jedem Gerät bei. Elektroherde, siehe Herde, Seite 150.

Fett, Schweine- oder Hammelfett, läßt sich beim Backen anstelle von Margarine verwenden, es macht das Gebäck sogar besonders mürbe. Von Talg ist abzuraten, weil damit das Gebäck leicht bröckelig wird und mitunter einen Nachgeschmack bekommt. Kokosfett ist stets recht kühl zu lagern, da es schon bei verhältnismäßig geringem Temperaturanstieg zu schmelzen beginnt. Öl kann einem Teig nur in geringen Mengen zugesetzt werden.

Flüssigkeit, die zur Teigbereitung gebraucht wird, besteht im allgemeinen aus Milch. Sie kann auch angesäuert sein, denn dann unterstützt sie die Wirkung des Triebmittels. Milchpulver, nach Vorschrift aufgelöst, läßt sich fürs Backen gut verwenden. Die endgültige Flüssigkeitszugabe erfolgt stets zuletzt, da sie entscheidend für die richtige Konsistenz des Teiges ist. Alle Angaben der Flüssigkeitsmenge können Abweichungen erforderlich machen, weil andere Zutaten, z. B. Mehl, Eier oder Fett, nicht immer die gleiche Beschaffenheit haben.

Gelatine wird im allgemeinen in Beuteln angeboten, die eine genaue Gebrauchsvorschrift enthalten. Fehlt sie, gilt folgendes: Die Gelatine wird etwa 15 Minuten vor der Verwendung in ganz wenig kaltem Wasser vorgeweicht und in der kochenden, aber vom Feuer genommenen Flüssigkeit aufgelöst. Festgewordene Gelatine kann bei gelinder Hitze immer wieder flüssig gemacht werden. Für ½ l Flüssigkeit werden 15 g Gelatine gebraucht. Einer Creme, die als Tortenfüllung verwendet werden soll, gibt ein wenig aufgelöste, kurz vorm Gelieren stehende Gelatine Stand und Schnittfestigkeit. Gelatinehaltiger Tortenguß wird gebrauchsfertig vom Handel angeboten.

Geleefrüchte sind eine vor allem bei Kindern beliebte Garnitur einfacher Torten oder Törtchen. Fruchtgelee läßt sich anstelle von Marmelade verwenden und gibt dem Gebäck einen feineren, herberen Geschmack.

Geräte, besonders die fürs Backen bestimmten, müssen peinlich sauber sein, weil ihnen anhaftende Gerüche (Zwiebel, Hering, Gewürze u. a.) ein Gebäck bis zur Ungenießbarkeit verderben können. Das gilt im besonderen für Küchenbretter, denn frisches Gebäck nimmt fremde Gerüche unwiderruflich an. Eine Seite des Brettes soll deshalb süßem Gebäck vorbehalten bleiben. Das Fett des frischen Backwerks dringt kaum ins Brett ein, wenn ein Stück Butterpapier untergelegt wird. Plastebretter sind in dieser Hinsicht praktischer.

Guß, im allgemeinen hauptsächlich aus Eiern, Milch oder Sahne, einem Bindemittel und geschmackgebenden Zutaten bereitet, verfeinert besonders Obstkuchen. Er muß aber vor zu starker Oberhitze geschützt werden, damit er hell und cremig bleibt.

Hefe hat noch genügend Triebkraft, wenn ein in warmes Wasser geworfenes Stück nach oben steigt. Soll Hefe einige Tage aufgehoben werden, dann wird sie recht fest in ein kleines Gefäß (Tasse oder Glas) gedrückt, das auf eine mit Wasser gefüllte Untertasse gestürzt wird.

Herdröhren können sowohl mit Kohlen als auch mit Gas oder Elektrizität beheizt werden. Eigene Erfahrungen und Beobachtungen bringen im Laufe der Zeit die nötige Sicherheit im Umgang damit. Einiges läßt sich aber im Zusammenhang mit dem Backen grundsätzlich dazu sagen: Im Kohlenherd kann die Hitze von unten her durch Ziegelsteine oder eine Schamotteplatte, von oben her durch ein eingeschobenes Blech oder aufgelegtes Butterpapier reguliert werden. Ein Gasherd wird nach Erreichen der richtigen Hitze bei dieser Temperatur gehalten. Beim Thermostat ist zu beachten, daß er stets so eingestellt wird, wie es das Gebäck erforderlich macht. Der Handel bietet auch Backthermometer an, von denen während des Backens die Gradzahl abzulesen ist. Als milde Hitze werden etwa 160 Grad, als mittlere Hitze 180 Grad und als starke Hitze 220 Grad beim Backen angesehen. Beim Elektroherd kann die Backröhre auf starke (Stufe 3), mittlere (Stufe 2) und schwache (Stufe 1) Hitze geschaltet werden. Kleingebäck und flache Kuchen stehen in der Mitte der Röhre bei einer Einstellung von 200 bis 220 Grad. Halbhohe Kuchen stehen im unteren Teil der Backröhre bei einer Schaltung von etwa 180 Grad. Für Stollen, die ebenfalls in der unteren Mitte der Röhre stehen, wird zunächst 20 Minuten auf 180 bis 200 Grad vorgeheizt, nach etwa 10 Minuten bekommt das Gebäck eine leicht hellbraune Farbe, von diesem Zeitpunkt wird bei 160 Grad weitergebacken. Auch Aufläufe werden in die Mitte der Röhre gestellt, nicht in den unteren Teil. Je höher ein Kuchen, desto geringer soll die Oberhitze sein. Nach Abschalten des Stromes kann die gespeicherte Hitze in der Backröhre noch etwa 10 Minuten ausgenutzt werden.

Hirschhornsalz ist ein Triebmittel, das vor der Zugabe zum Teig in wenig Wasser oder Alkohol verrührt werden muß. Die Flüssigkeit darf nicht warm sein. Sind in einem Rezept Hirschhornsalz und Pottasche angegeben, so werden sie getrennt aufgelöst und nacheinander unter den Teig gearbeitet. Hirschhornsalz eignet sich als Triebmittel nur für kleines, flaches Gebäck, da sich in hohen Kuchen der Ammoniakgehalt nicht genügend verflüchtigen kann und dadurch der Geschmack des Gebäcks beeinträchtigt wird. Mit Hirschhornsalz bereiteter Teig soll nicht in eine zu heiße Ofenröhre geschoben werden, weil dann die zu rasch gebildete Gebäckkruste ebenfalls ein Entweichen des Ammoniaks verhindert.

Honig oder Sirup macht Gebäck zunächst etwas hart, so daß es sich nicht zum sofortigen Verbrauch eignet. Hat solches Gebäck aber eine Weile Luftfeuchtigkeit angezogen und danach in einem geschlossenen Gefäß gelagert, hat es die gewünschte Beschaffenheit eines längere Zeit haltbaren Gebäcks.

Ingwerpulver ist ein Gewürz, das sowohl für süßes als auch für herzhaftes Gebäck verwendet werden kann.

Johannisbeeren, Erdbeeren und andere weiche Früchte bleiben besser in Form, wenn sie, gut abgetropft, vor dem Auflegen in Staubzucker gewälzt werden.

Kakao verteilt sich in einem Teig oder in einer anderen Masse am besten, wenn er mit dem Mehl gesiebt oder mit dem Zucker vermischt wird. Kakao hat die Eigenschaft, damit bereitetes Gebäck trocken zu machen. Eine erhöhte Fett- oder Milchzugabe ist deshalb immer ratsam.

Leicht verbrannte Kuchen sind meistens sogar noch für eine Gästebewirtung zu verwenden, wenn die dunklen Stellen mit dem Reibeisen abgerieben werden. Stärker verbranntes Gebäck läßt sich nach dem Abschneiden der dunklen Kuchenrinde mit Cremegarnituren oder anderen Füllungen wieder appetitlich anrichten. Im äußersten Fall können die brauchbaren Kuchenstücke getrocknet und gerieben werden, so daß sie sich für Bröselgebäck, siehe Seite 25 und 35, verwenden lassen.

Lockerungsmittel sind außer den bekannten Triebmitteln steifer Eischnee, der erst zuletzt unter den Teig gehoben werden darf, oder ein wenig Essig, auch Alkohol.

Mandeln werden mit kochendem Wasser gebrüht, abgezogen, auf Tüchern getrocknet und je nach Verwendungszweck ganz gelassen, gehackt oder ganz fein zerkleinert. Bittere Mandeln sollen stets gerieben oder gemahlen werden, bei süßen Mandeln genügt es, sie zu hacken, in beiden Fällen schmecken die Mandeln dann intensiver durch. Das Zerkleinern mit dem Wiegemesser wird vereinfacht, wenn die Mandeln auf dem Brett mit Zucker bestreut werden.

Margarine ist mit Recht das beliebteste Fett fürs Backen. Es wäre falsch, die teuren Margarinesorten dafür zu verwenden, da sie mit Nährstoffen angereichert sind, die durchs Backen ohnehin verlorengehen. Das Schaumigrühren der Margarine und des Teiges macht sich leichter, wenn die Schüssel zuvor mit Margarinepapier leicht eingefettet wurde.

Mehl wird vor der Bereitung eines Teiges – ganz gleich welcher Art – stets gesiebt. Da die Quellfähigkeit des Mehles unterschiedlich ist, muß gegebenenfalls die Mehl- oder die Flüssigkeitsmenge eines Teiges leicht verändert werden. Ein Viertel bis ein Drittel des Weizenmehles kann durch Stärkemehl ersetzt werden. Solches Gebäck wird leichter und sandartiger.

Messer zum Zerschneiden von Gebäck müssen scharf sein. Für frisches Gebäck eignen sich am besten Sägemesser oder scharfe Messer, die vor jedem Schnitt in heißes Wasser getaucht worden sind.

Mohn wird, sofern er nicht nur zum Bestreuen gebraucht wird, gemahlen. Ist dafür keine Gelegenheit vorhanden, kann er mit dem Wolf zerkleinert werden. In diesem Falle sind etwa 250 g Mohn in einem Liter Wasser 15 Minuten zu kochen, abzugießen und wieder mit kaltem Wasser zu bedecken. Nach weiteren 15 Minuten kann der gut abgetropfte Mohn durch den Wolf gedreht werden.

Napfkuchen, aber auch anderes Gebäck, das sich trotz Lockern des Randes nicht aus der Form lösen will, muß nochmals kurz über die Gasflamme oder eine andere Wärmequelle gehalten werden. Dann löst sich das Gebäck ohne Schwierigkeiten.

Nüsse lassen sich beim Backen vielfältig verwenden, auch anstelle von Mandeln. Bei Haselnüssen ist es nötig, die braunen Häutchen zu entfernen – zumindest dann, wenn die Nüsse für einen hellen Teig gebraucht werden. Dazu die Nußkerne in einem Metallsieb über kleiner Flamme so lange schütteln, bis sich die braunen Häutchen gelöst haben. Die Nüsse können aber auch auf das Blech des Herdes geschüttet werden, damit sich in der warmen Röhre die Häutchen ebenfalls lösen. 500 g Nüsse ergeben im Durchschnitt 125 g Nußkerne. Auch das käufliche Nußmus eignet sich fürs Backen, besonders für Füllungen.

Oblaten gibt es zu kaufen. Sie bilden eine leichte Unterlage für zarte Mandel- oder Pfefferkuchenteige.

Obst ist ein besonders beliebter Kuchenbelag. Bei recht nassen, viel Feuchtigkeit abgebenden Früchten empfiehlt es sich, die Teigplatte vor dem Belegen mit Zwieback- oder Semmelbröseln zu bestreuen. Gedünstetes Obst muß gut abgetropft sein, bevor es auf die Teigplatte oder den Tortenboden gelegt wird. Obstkuchen oder -torten sind für den baldigen Verbrauch bestimmt und halten sich, vor allem wenn der Belag ungebacken blieb, nicht lange.

Pottasche wird, ebenso wie Hirschhornsalz, dem Teig in aufgelöstem Zustand zugesetzt. Sie kann, im Gegensatz zu Hirschhornsalz, auch für höhere Gebäckarten verwendet werden.

Puddingpulver kann, ebenso wie Stärkemehl, einen Teil des Weizenmehls ersetzen. Pudding- oder Soßenpulver mit Vanillegeschmack färbt den Teig gleichzeitig etwas.

Quark soll fürs Backen frisch, nicht säuerlich und auch nicht grießelig sein. Um der Quarkmasse eine feinere Konsistenz zu geben, wird immer wieder empfohlen, den Quark durch ein Sieb zu streichen, sofern kein elektrisches Rührgerät vorhanden ist. Trockener Quark streicht sich aber schwer durch, und deshalb soll er zunächst gründlich mit Eiern, Zucker und Milch oder Sahne verrührt werden. Trockenfrüchte oder Mandeln kommen erst danach hinzu. Bei der Teigbereitung kann Quark die Hälfte der dafür angegebenen Fettmenge ersetzen. Dann ist aber die doppelte Quarkmenge erforderlich, so lassen sich also 100 g Fett nur durch 200 g Quark austauschen.

Rosinen, exakter als Sultaninen oder Korinthen bezeichnet, werden nach dem Verlesen handwarm gewaschen. Kommen sie mit der ihnen anhaftenden Feuchtigkeit in den Teig, so sinken sie darin zu Boden, weil sie zu schwer sind. Sie müssen deshalb auf Tüchern abtrocknen.

Rührlöffel mit abgeschrägter Fläche und einem Loch in der Mitte eignen sich besonders gut dazu, einen Teig durchzuarbeiten. Es rührt sich übrigens leichter, wenn der Löffel einen verhältnismäßig starken, also nicht zu schwachen Stiel hat. Gründlicher als mit dem Holzlöffel läßt sich ein zarter Teig oder eine Masse, sofern kein elektrisches Gerät zur Verfügung steht, mit dem Schneebesen durcharbeiten.

Rührschüsseln dürfen eher etwas zu groß als zu klein sein, weil sich der Teig darin sonst nicht richtig durcharbeiten läßt. Die Schüssel steht fester, wenn sie auf ein feuchtes Tuch gestellt wird.

Rum hat beim Backen die sehr beliebte Eigenschaft, den Geschmack zu verfeinern und einem Teig eine lockere Konsistenz zu geben.

Salz ist das unerläßliche Gewürz für jedes Gebäck, denn es unterstreicht erst den süßen Geschmack. Für die meisten Teige kann auf je 500 g Mehl 5 g Salz berechnet werden. In einem salzlosen Gebäck kommen die besten Zutaten nicht zur Geltung.

Schmelzbutter, -margarine sind nahezu wasserfreie Fette, die dem Gebäck eine besonders gute Qualität geben. Beide Erzeugnisse lassen sich selbst herstellen, wenn die Margarine oder Butter erhitzt, also flüssig gemacht, und nach dem Erstarren von der Flüssigkeit getrennt wird.

Spritzbeutel bestehen meistens aus durchsichtiger Folie, und es genügt, sie nach dem Gebrauch heiß auszuwaschen. Während des Spritzens wird der Beutel von Zeit zu Zeit flach aufgelegt, so daß sich die Creme mit einem Messerrücken gut nachschieben läßt.

Staubzucker muß vor jedem Verbrauch gesiebt werden, denn vorhandene Klümpchen lösen sich in einer Glasur oder Masse nicht mehr auf. Stark klumpiger Staub- oder Puderzucker kann vor dem Sieben mit der Haushaltmaschine oder zwischen zwei sauberen Tüchern mit dem Nudelholz zerdrückt werden.

Süßstoff, in wenig Wasser aufgelöst, kann ebenso wie andere Zuckeraustauschmittel die Zuckermenge ersetzen. Dennoch wird er im allgemeinen nur zur Bereitung von Diätgebäck verwendet, das für Diabetiker (Zuckerkranke) hergestellt wird. Auch solches Gebäck ist genau nach Broteinheiten zu berechnen, weil es der Diabetiker in seinen Tagessatz aufnehmen muß.

Triebmittel in Pulverform müssen stets in gut schließenden Büchsen aufbewahrt werden, da andernfalls ihre Wirksamkeit beeinträchtigt wird.

Torten lassen sich vor dem Füllen entweder mit scharfem Messer aufschneiden oder, vorher am Rand leicht eingeschnitten, mit einem stärkeren Zwirnsfaden teilen. Zum Überziehen und Garnieren wird eine Torte zweckmäßig auf einen umgestülpten Topf, also etwas erhöht, gestellt, weil dadurch das Arbeiten erleichtert wird. Tortendeckchen aus Papier gibt es rund und oval zu kaufen, sie geben dem fertigen Gebäck ein besonders festliches Aussehen.

Unebenheiten treten mitunter durch ungleichmäßiges Hochtreiben bei fertigem Gebäck auf. Sie wirken sich vor allem bei einer Torte nachteilig aus. Das Gebäck muß dann mit Messer oder Reibeisen begradigt werden. In solchen Fällen wird dieser Teil gern als Unter- und der untere Teil als Oberfläche verwendet.

Vanillezucker läßt sich im Haushalt selbst bereiten. Dazu wird eine längs aufgeschnittene Vanilleschote in eine verschließbare Dose mit Zucker gesteckt.

Vollsoja ist als hochwertiges Nahrungsmittel in der Lage, Eier zu ersetzen. Anstelle von 1 Ei ist 1 Eßlöffel Vollsoja, mit wenig warmem Wasser angerührt, zu verwenden. Der Gehalt an Kohlenhydraten ist bei Vollsoja sehr gering, was für alle zur Fülle Neigenden beachtenswert ist.

Vorräte, die das Backen ermöglichen, machen sich immer bezahlt. Ein daraus bereitetes Gebäck wird preiswerter als fertiggekauftes. Getreideerzeugnisse (Haferprodukte ausgenommen) halten sich bei trockener, luftiger Lagerung bis zu 8 Monaten. Ein Zuckervorrat bleibt jahrelang unverändert, wenn der Raum trocken ist. Konserven brauchen eine kühle, möglichst dunkle Umgebung und regelmäßiges Durchsehen der Vorräte, während Trockenfrüchte luftig, dabei aber staubfrei und trocken aufbewahrt werden müssen. Beim Vorrätighalten von Eiern ist zu beachten, daß die Eierschale porös ist und Bakterien eindringen läßt. Deshalb sind Eier sauber aufzubewahren, am besten im Kühlschrank oder in einem Eierkörbchen, das mit Seidenpapier oder einem dünnen Tuch zugedeckt ist. In Zeitungspapier sollen Eier nicht gewickelt werden. Von Zeit zu Zeit ist es ratsam, sie einmal umzudrehen. Schon bei der kleinsten Verletzung der Eierschale muß das Ei baldigst verbraucht werden.

Waage-Ersatz sind außer einem Meßbecher Löffel und Tasse. Die nachstehenden Mengenangaben sind so berechnet worden, daß Löffel und Tasse nicht angehäuft, sondern glattgestrichen wurden.

	1 Teelöffel	**1 Eßlöffel**	**1 Tasse**
Fett	4 g	16 g	
Zucker	4 g	13 g	180 g
Salz	5 g	20 g	
Mehl	2 g	8 g	110 g
Stärkemehl	2 g	10 g	110 g
Grieß	4 g	12 g	140 g
Haferflocken	2 g	8 g	80 g
geriebene Semmel	3 g	12 g	130 g
Kakao	3 g	11 g	
Backpulver	3 g		

Flüssigkeit: 4 Eßlöffel = $^{1}/_{16}$ l
8 Eßlöffel = $^{1}/_{8}$ l

Würfelzucker wird beim Backen im allgemeinen nur dann verwendet, wenn damit Zitronen- oder Apfelsinenschalen abgerieben werden, siehe dazu aber auch unter Zitronenschale! Dieser aromatisierte Zucker wird nicht zusätzlich zugegeben, sondern in die erforderliche Zuckermenge einbezogen.

Zitronenschale ist ebenso wie Apfelsinenschale ein beliebtes Gewürz beim Backen. Die Früchte müssen aber gründlich warm gewaschen, möglichst sogar gebürstet worden sein, bevor sie abgerieben werden. Von Früchten, die mit Diphenyl behandelt worden sind (vorläufig leider meist nur am starken Geruch, seltener am Einwickelpapier zu erkennen), ist die Schale nicht brauchbar.

Zitronat oder Orangeat läßt sich am leichtesten mit dem Apfel- bzw. Rohkosthobel zerkleinern. Wird es mit dem Messer in kleine Würfelchen geschnitten, so ist es ratsam, das Messer ab und zu in Mehl zu tauchen.

Sachwortverzeichnis